# Mehr Erfolg durch Emotionale Intelligenz

Dr. Christian Weisbach
Ursula Dachs

Körper & Seele



Mit Gefühlen
bewußt
umgehen
–
Steigern
Sie Ihre
Emotionale
Intelligenz

GU GRÄFE UND UNZER

# Inhalt

!

**Die Empfehlungen in diesem Buch beruhen auf wissenschaftlichen Untersuchungen und praktischen Erfahrungen der Autoren als Trainer für Kommunikation. Doch letztlich entscheiden Sie als Leser darüber, was und wieviel Sie davon übernehmen.**

**Sie finden in diesem Buch eine Vielzahl von Übungen, um die eigenen und die Gefühle anderer besser wahrzunehmen und mit ihnen umzugehen. Dies kann eine Behandlung von Störungen durch einen Therapeuten nicht ersetzen.**

# Ein Wort zuvor

Emotionale Intelligenz – schon wieder ein neuer Ausdruck in unserem Sprachgebrauch, der nur ein verschwommenes Bild hervorruft. Neben dem IQ, dem Intelligenzquotienten, zielt das Interesse heute immer öfter auf den »EQ« (englisch: Emotional Quality), also auf die Qualität der Gefühle. Warum?
Nach neuesten Erkenntnissen trägt die emotionale Intelligenz zum Erfolg einer Person immerhin ungefähr 80 Prozent bei, der IQ dagegen nur etwa 20 Prozent. Mit Erfolg ist hier aber nicht nur der berufliche gemeint, sondern auch »Erfolg« in der Beziehung, in der Familie und im alltäglichen Umgang mit anderen Menschen. Erfolg haben heißt hier: Herz und Verstand in Einklang bringen, sich mit Leib und Seele wohl fühlen. Und wer möchte das nicht?
Genauso, wie Sie lernen können, Ihre rationale Intelligenz optimal einzusetzen, können Sie auch Ihre emotionale Intelligenz, Ihre emotionalen Fähigkeiten fördern und verstärken, indem Sie bewußt mit Ihren Gefühlen umgehen, sie wahrnehmen, beachten und zum Ausdruck bringen. Sie können auf Ihre Gefühle sogar Einfluß nehmen, selbst auf so intensive wie Streß, Wut, Eifersucht, Angst – oder auf so schöne Empfindungen wie Verliebtheit, Faszination und Leidenschaft. Sie können Ihr Gefühlsleben »intelligent« steuern. Und genauso wie bei sich selbst, können Sie auch auf die Empfindungen Ihrer Mitmenschen einwirken und Ihren Beziehungen dadurch mehr Tiefe, gegenseitige Achtung und Respekt verleihen.
Sie haben mit diesem Buch die Möglichkeit, sich durch ehrliche und kritische Selbsteinschätzung bewußt zu machen, in welchen Bereichen Sie Ihre Gefühle und Handlungen noch besser in Einklang bringen wollen. Anhand von einfachen Übungen, die Sie alleine oder mit einem Partner machen können, lernen Sie, Ihr eigener Trainer zu sein.

**Dr. habil. Christian-Rainer Weisbach, Privatdozent an der Universität Tübingen, Kommunikationstrainer**

**Ursula Dachs, Pädagogin, Verhaltens- und Kommunikationstrainerin**

Das Manuskript zu diesem Buch wurde unter Mitarbeit von Dr. Bärbel Weisbach erstellt und überarbeitet.

# Emotionale Intelligenz – was ist das?

Ihre emotionalen Fähigkeiten entscheiden darüber, wie geschickt Sie mit sich selbst und mit anderen umgehen, und damit auch über Ihre privaten und beruflichen Erfolge.

# Emotional intelligente Menschen kommen weiter

**Das Schlagwort »emotionale Intelligenz« umschreibt eine Vielzahl von menschlichen Fähigkeiten: Charakter, Takt, Feingefühl, Menschlichkeit – Goethe nannte es ganz einfach Herzensbildung. Bemerkenswert ist, daß emotionale Intelligenz heute immer im gleichen Atemzug mit beruflichem und privatem Erfolg genannt wird.**

**Bereits Anfang der achtziger Jahre wurde bezweifelt, daß die bis dahin gültigen Faktoren für die Messung der Intelligenz ausreichend waren. Der amerikanische Psychologieprofessor Howard Gardner ergänzte die Definition von Intelligenz um zwei weitere Punkte: die »zwischenmenschlichen« und die »innerpsychischen Fähigkeiten«.**

## Intelligenz ist noch kein Garant für Erfolg

Heute erkennen immer mehr Menschen, daß der Intelligenz-Quotient (IQ) weder über Berufserfolg noch über individuelle Lebenszufriedenheit entscheidet. Viele, die keine Genies sind, bestechen durch ihren geschickten Umgang mit anderen oder durch eine gewinnende und warme Ausstrahlung.

Durch große Studien konnte in Amerika festgestellt werden, daß ein hoher Intelligenz-Quotient nichts aussagt über Erfolg. Teilnehmer an diesen Studien, die als sehr intelligent eingestuft wurden, waren im Durchschnitt in keinem Bereich – weder beruflich noch privat – deutlich erfolgreicher als diejenigen, denen weniger Intelligenz zugesprochen wurde.

Der erfolgreiche Manager, streßgeplagt und einsam, der zerstreute Professor, der so alltagsuntauglich, wirkt oder der geniale Künstler, der am Hungertuch nagt, – aber auch das hochbegabte Kind, das keine Kontakte zu Gleichaltrigen aufnehmen kann, sind Beispiele für intelligente Menschen, die man nicht gerade um ihren »Erfolg« beneidet.

### Was ist eigentlich »Erfolg«?

Die gesellschaftliche Definition von Erfolg ist meist gekoppelt an Einflußmöglichkeit, Ansehen und Einkommen.

Für uns persönlich legen wir aber wahrscheinlich noch andere Maßstäbe an: eine glückliche Beziehung, ein befriedigendes Familienleben, Freude an der Arbeit, soziale Kontakte, die durch Respekt und Anerkennung geprägt sind. Sie

**Gespräche zwischen emotional intelligenten Menschen zeichnen sich durch ehrliches Interesse und Aufmerksamkeit aus.**

erzeugen in uns Gefühle von Zufriedenheit und steigern die ganz individuelle Erfolgseinschätzung. Erfolg haben heißt, ein Ziel erreicht haben – so die Erklärung im Duden. Welches sind also unsere tieferen Ziele, die nicht allein durch Geld, Macht oder Anerkennung auf einem Spezialgebiet erreicht werden können? Spüren wir noch, in welchen Situationen wir ein Erfolgsgefühl empfinden und was wir selbst dazu beigetragen haben?

### Soziale Kompetenz

In den vergangenen Jahren haben sich auch in der Berufswelt die Maßstäbe und Anforderungen verändert. Das Interesse gilt zunehmend der ganzen Person und nicht nur den Zeugnissen – der »Erfolgsbilanz« des Ausbildungsganges. Bei Vorstellungsgesprächen werden persönliche Lebensumstände und private Interessen angesprochen, und dem Eindruck, den jemand als Gesamtpersönlichkeit hinterläßt, wird ein immer größerer Wert beigemessen. In vielen Stellenanzeigen wird dies mit dem Begriff »soziale Kompetenz« umschrieben. Damit sind Eigenschaften gemeint wie Teamgeist, Kooperationsfähigkeit, partnerschaftlicher Führungs-

**Die Bezeichnung »emotionale Intelligenz« existiert seit etwa zehn Jahren und stammt von den beiden amerikanischen Psychologen Peter Salovey (Yale Universität) und John Mayer (Universität von New Hampshire). Sie wollten damit menschliche Eigenschaften wie Einfühlungsvermögen, Selbstbewußtsein und Kontrolle der Gefühle mit einem Begriff ausdrücken.**

stil, Flexibilität, Kommunikations- und Kritikfähigkeit. Diese Ansprüche werden nicht nur auf Managementebene gestellt. Überall soll im Team gearbeitet werden, und das bedeutet nicht nebeneinander, sondern miteinander.

## Rationale und emotionale Intelligenz

Um den Begriff der emotionalen Intelligenz zu verstehen, ist es hilfreich, zunächst auf den bisher geläufigen Intelligenzbegriff zurückzugreifen: Dort geht es um Fähigkeiten, die meßbar sind, wie die mathematisch-logische Intelligenz, die sprachliche Begabung, das räumliche Vorstellungsvermögen sowie das musikalische und motorische Talent.
Menschliche Eigenschaften wie Einfühlungsvermögen, Selbstbewußtsein und Kontrolle der Gefühle werden beim klassischen Intelligenzbegriff nicht berücksichtigt. Deshalb messen herkömmliche Intelligenztests also nur einen Teil der Klugheit. Zur Klugheit gehört aber auch, umgehen zu können mit seinen Gefühlen. Sehr schlicht formulierte dies bereits vor 2300 Jahren Aristoteles, wenn er dazu aufforderte, Gefühle mit Intelligenz zu steuern.

### »Die Stimme des Herzens«

Fähigkeiten auf emotionaler Ebene sind eher »im Herzen« als im Verstand anzusiedeln. Sie erinnern sich vielleicht an Situationen, in denen Sie etwas im Herzen ganz genau wußten. Diese Formulierung verwendet man üblicherweise nur dann, wenn man von einer tiefen Gewißheit durchdrungen ist. Dies ist eine ganz andere Überzeugung, als wenn man sachlich alle Argumente gegeneinander abgewogen und mit dem Verstand entschieden hat. Statt auf diesen hören wir in Momenten tiefer Gewißheit »auf die Stimme des Herzens«.

## Mehr Platz für Emotionen!

Wir alle haben emotionale Fähigkeiten, sie liegen in der Natur des Menschen. Aber manchmal sind sie unterentwickelt. Die Welt ist schneller, technisierter, stressiger, vielschichtiger und einsamer geworden. Jeder versucht, den alltäglichen Anforderungen gerecht zu werden, sein Gesicht zu wahren, perfekt und ohne Schwächen dazustehen oder läßt seine Probleme von anderen lösen. Aber der Wunsch, einem

**Der amerikanische Psychologe Daniel Goleman definiert »emotionale Intelligenz« als grundlegende Fähigkeit der Selbstwahrnehmung. Diese Fähigkeit drückt sich aus in Eigenschaften wie Rücksichtnahme, Achtsamkeit und Einfühlungsvermögen. Damit ist gemeint, daß jemand seine Interessen kennt – aber auch zurückstellen kann. Dies zeigt sich durch Höflichkeit, Anteilnahme, Selbstdisziplin und Verantwortungsgefühl, kurz: durch Menschlichkeit.**

**Gerade im Team ist emotionale Intelligenz wichtig zur besseren Verständigung und um Konflikte positiv zu lösen.**

Menschen nah zu sein, von ihm verstanden und geliebt zu werden, ist geblieben.
Also versucht man, dieses Grundbedürfnis innerhalb der Familie oder der Partnerschaft zu befriedigen. Wenn zwei Menschen heiraten, so tun sie das häufig immer noch mit dem Versprechen: »bis daß der Tod Euch scheidet«. Die meisten Paare wünschen sich dies auch wirklich. Aber über 30 Prozent der Ehen werden wieder geschieden.
Fragt man Singles, was das Wichtigste in ihrem Leben ist, antworten sie häufig: »Mein Freundeskreis«.

**»Du bist zeitlebens für das verantwortlich, was Du Dir vertraut gemacht hast.«
aus »Der kleine Prinz«
Antoine de Saint-Exupéry, 1900–1944, französischer Dichter**

## Mangelware Zeit

Psychotherapeuten und Beratungsstellen haben es in der überwiegenden Zahl der Fälle nicht mit psychisch Kranken zu tun, sondern oft mit Menschen, die sich einsam fühlen und meinen, ihre Probleme sonst niemandem zumuten zu können. Wer hat heute wirklich noch Zeit, sich die Sorgen und Kümmernisse, die innere Not anderer anzuhören? Haben Sie auch manchmal den Wunsch, jemand möge sich Zeit für Sie nehmen, einfach mal fragen: »Wie geht's Dir?«. Fehlt Ihnen das Gespräch mit Ihrem Partner, Ihrer Freundin,

einem vertrauten Menschen? Wie oft hören wir »gleich; ich muß nur noch schnell ...«. Viele denken erst daran, was sie noch alles erledigen müssen, und merken nicht, wie wichtig es wäre, dem anderen gerade jetzt zuzuhören.
Im Orient ist das Wort Psychotherapie fast ein Fremdwort. Probleme werden in der Großfamilie gelöst. Die Ältesten, die man auch für die weisesten hält, werden gefragt. Doch sie erteilen nicht, wie bei uns, einen gutgemeinten – aber meist nicht erbetenen – Rat, sondern erzählen Geschichten. Sie hören zu und versuchen, der Person und dem Problem gerecht zu werden, indem sie mit einem Gleichnis, also mit einem Bild antworten, das eine mögliche Lösung beinhaltet. Damit werden Phantasie, Kreativität und Intuition angeregt. Der Betroffene entscheidet selbst, was er herausliest.

**Wir wollen mit diesem Buch sensibel machen für eigene wie für fremde Gefühle. Dazu gehören selbstverständlich auch die negativen Gefühle. Notieren Sie sich, was Sie im Umgang mit anderen schon immer auf die Palme gebracht hat oder was sie vermissen – sei es bei Ihrem Partner, Ihren Kindern, Ihrem Chef oder Ihren Kollegen, im Bus oder im Supermarkt. Nehmen Sie ein Blatt Papier und schreiben Sie sich Ihren ganzen Ärger von der Seele!**

### Lang, lang ist's her

Obwohl wir eine Vielzahl von Erfahrungen im Bereich unserer Gefühle gemacht haben, laufen wir Gefahr, schnell zu »vergessen«. Wie ließe sich sonst erklären, daß wir im Umgang mit Kindern oder Jugendlichen so oft kein Verständnis zeigen. Was sie stolz oder traurig macht, für was sie sich engagieren, ist vielleicht nicht dasselbe, was uns umgetrieben hat. Aber ihre Ideale, Sehnsüchte und die Intensität ihrer Gefühle sind sicherlich mit unseren vergleichbar. Das soll jedoch keine Anregung sein, sich mit seinen Kindern zu vergleichen. Der Satz: »Als ich so alt war wie Du ...« erweckt sowieso nur ein müdes Gähnen und trägt oft zum Ende eines Gesprächs bei.

## Eigene und fremde Erwartungen

Die Erwartungen, die Menschen im Umgang miteinander an sich wie an den anderen stellen, sind oft ein wenig diffus. Jeder wünscht sich vom anderen:

### Verständnis

Wann haben Sie das Gefühl, wirklich verstanden worden zu sein? Reicht es aus, wenn Sie bei größtem Liebeskummer hören, daß der andere das auch kennt und daß dieser Schmerz vorübergehen wird? Mit der Aussage: »Ja, ja, das kenne ich, bei mir ist das immer ...« beginnen viele, von sich zu erzählen. Sehr beliebt ist auch die Erwiderung: »Ich versteh' das vollkommen, aber Du solltest das nicht so ernst nehmen.« Vermutlich fühlen Sie sich trotz gegenteiliger Aussage weder ernstgenommen noch verstanden.

**Rücksicht**

Wann haben Sie das Gefühl, daß Ihre Wünsche tatsächlich berücksichtigt werden? Wieviel Rücksicht wird Ihnen beispielsweise auf dem Weg zur Arbeit entgegengebracht, wenn Sie sich in eine Vorfahrtsstraße einfädeln wollen? Aber vielleicht denken Sie bei fehlender Rücksicht auch spontan an laute Nachbarn oder jene Kollegen, die sich stets auf Ihre Kosten durchsetzen.

**Toleranz**

Meinen Sie damit, daß jemand zu allem, was Sie machen, »Ja und Amen« sagt? Oder daß man einfach alles richtig findet, was Sie tun? Niemand kann sich ernstgenommen fühlen, wenn man ihm mit so viel Gleichgültigkeit begegnet. Tolerant sein heißt statt dessen, anderen mit Interesse und Verständnis entgegenkommen und sie so zu akzeptieren, wie sie sind.

**»Nichts ist Dir näher, als Du selbst. Doch wenn Du Dich selbst nicht kennst, wie willst Du dann andere kennenlernen?«**
**Orientalische Weisheit**

**Einfühlungsvermögen**

Wie geht es Ihnen, wenn Sie spüren, daß der andere sich in Ihre Situation einfühlen kann?
Damit man sich in den anderen hineinversetzen kann, ist es unerläßlich, daß man erst einmal bei sich selbst dieses Gefühl spürt, von dem der andere spricht.
Am besten läßt sich das am Gefühl Schmerz verdeutlichen: Wer noch nie einen Bänderriß hatte, wird jeden, den dieses Schicksal ereilt hat, wortreich bedauern; wer aber schon einmal am eigenen Leib erfahren hat, welche Schmerzen damit verbunden sind, wird wahrscheinlich bei der Nachricht, daß einem guten Freund dieses Unglück passiert ist, schmerzhaft das Gesicht verziehen – er kann fast körperlich fühlen, was der andere wahrscheinlich empfunden hat.
Das soll nun nicht heißen, daß wir uns nur in jemanden einfühlen können, wenn wir dieselbe Situation schon einmal erlebt haben. Aber je genauer und differenzierter Sie

**Stellen Sie sich den Idealzustand Ihrer unterschiedlichen Beziehungen vor, und wünschen Sie sich leidenschaftlich und fordernd alles, was Sie sich vorstellen können, um sich respektiert, verstanden und geliebt zu fühlen.**

Ihre eigenen Gefühle kennen, um so leichter fällt es Ihnen, anzuerkennen, daß auch andere eine sehr breite Palette von Empfindungen haben.

**Achtsamkeit**

Achtsamkeit gehört zu den wenig gebrauchten Wörtern unserer Sprache. Die Verneinung ist uns viel geläufiger: »Unachtsamkeit« als Ausdruck für unaufmerksames, eben achtloses Verhalten. Eher vertraut sind uns die Wörter »beachten« und »achten«.
Achtsamkeit kann jeder entwickeln, der sich selbst kennt, der seine emotionalen Impulse zügeln, die versteckten Gefühle eines anderen wahrnehmen kann.
Der Versuch, sich in den anderen hineinzudenken, sich Zeit zu nehmen und zuzuhören, ohne ihm fertige Lösungen anzubieten, beweist dem anderen Respekt und Zutrauen. Sie trauen ihm zu, seine Probleme selbst zu bewältigen. Voraussetzung dafür, daß wir andere beachten und verstehen können, ist zuerst einmal, daß wir uns selbst wahrnehmen. Wie können wir bei einem anderen Gefühle wie Trauer, überschwengliche Freude oder Neid wahrnehmen, wenn wir uns selbst diese Gefühle nicht zugestehen oder sie nicht in ihrer ganzen Intensität spüren?
Oft bezeichnet man zum Beispiel Verliebtheit als Gefühl: Ist es nicht eher eine Zustandsbezeichnung, hinter der sich eine ganze Palette von Gefühlen verbirgt, die zum Teil sehr widersprüchlich sind? Freude, Nervosität, Unsicherheit, ein Sich-hingezogen-Fühlen, tiefste Trauer und Verzweiflung, wenn der andere mal nicht anruft, Begeisterung über seinen Witz und Charme, Enttäuschung, wenn er in wichtigen Punkten gar nicht meinen Vorstellungen entspricht.

# Eigene Gefühle beim Namen nennen

Immer wenn Sie Ihre Gefühle kennen und aussprechen, können Sie Ihre Beziehungen aktiver gestalten und Entscheidungen klarer treffen. Dadurch sind Sie Ihren Gefühlen nicht ausgeliefert, sondern nutzen sie als schöpferische Kraft.

# Eigene Gefühle erkennen

**Wer sich selbst gut wahrnehmen kann, erkennt ein Gefühl, noch während es auftritt. Damit Sie sich selbst besser verstehen, ist es notwendig, auf Distanz zu sich selbst zu gehen und Ihre Gefühle zu beobachten. Denn wer die eigenen Gefühle nicht erkennt, ist ihnen ausgeliefert.**

## Sind Sie sich Ihrer Gefühle bewußt?

Wie gut nehmen Sie sich selbst wahr? Achten Sie auf Ihre Stimmungen? Ist Ihnen bewußt, wie stark Sie beeinflussen können, wie Sie sich fühlen? Nehmen Sie Ihre Gefühle einfach hin oder sind gar von ihnen überwältigt?

**Beschreiben Sie, wie Sie sich im Moment fühlen. Legen Sie das Buch beiseite, und konzentrieren Sie sich mit geschlossenen Augen. Was nehmen Sie gerade an sich wahr: Fühlen Sie sich entspannt, oder ist Ihnen kalt? Schwelt ein Ärger in Ihnen, tut Ihnen etwas weh, eventuell haben Sie Sehnsucht nach jemandem? Wahrscheinlich wurden Ihnen mehr Empfindungen bewußt, als Sie zuvor vermutet hatten. Wie gehen Sie mit diesen Gefühlen um?**

### Himmelhoch-jauchzend – Zu-Tode-betrübt

Sie kennen vielleicht Menschen, die leicht von ihren Gefühlen überflutet werden und ihnen ohnmächtig und hilflos ausgeliefert sind. Diese Menschen sind anfällig für sprunghafte und heftige Stimmungswechsel und achten zugleich weniger auf ihre Gefühle. Sie glauben, daß sie keinen Einfluß auf das eigene Gefühlsleben haben, und darum unternehmen sie auch nichts, um ihre schlechte Stimmung zu ändern.
Andere, die meinen, ohnehin keinen Einfluß auf ihre Gefühle zu haben, können aus einer hinnehmenden, passiven Grundhaltung heraus leben oder besser gesagt: leiden. Diese Menschen sind sich ihrer Gefühle zwar bewußt, schließen aber von vornherein aus, daß sie ihre Gefühle aktiv beeinflussen können. Sie finden sich resignierend mit ihren Stimmungen ab.
Erfolgreiche Menschen gehen mit ihren Empfindungen bewußt um. Sie achten auf ihre Stimmungen und nutzen den Handlungsspielraum, der uns bei jedem Gefühl zur Verfügung steht. Wenn wir zornig sind, können wir angreifen, schreien – oder aber uns zurückziehen und schweigen. Auch bei heftigen Gefühlen haben wir also die Wahl. Die Grundhaltung läßt sich mit einem Wortspiel umschreiben: Das Gefühl hat nicht mich, sondern ich habe das Gefühl.

### »Tut ja gar nicht weh!«

Unsere Selbstwahrnehmung wird und wurde in der Vergangenheit vielfältig behindert. Schon als Kind wurden unsere Gefühle häufig nicht ernstgenommen. Kennen Sie die Situation: Ein Kind fällt hin, erschrickt sich oder tut sich weh und schreit. Ein hinzueilender Erwachsener beschwichtigt schon nach kurzer Zeit mit den Worten »Tut ja gar nicht mehr weh«. Woher weiß er das? Will er nicht vielmehr, daß das Geschrei endlich aufhört? Auch die unwirsche Äußerung »Komm', stell Dich doch nicht so an« soll uns dazu veranlassen, etwas nicht mehr so zu empfinden, wie bis zu diesem Augenblick. Oder der vermeintlich gutgemeinte Kommentar: »Das ist doch halb so schlimm« geht Meilen an unseren Empfindungen vorbei.

**Kinder, deren Nöte von den Eltern ernst genommen werden, lernen schon früh, selbstbewußt zu ihren Gefühlen zu stehen.**

**Der Psychoanalytiker Alfred Adler stellte fest, daß bereits kleine Kinder unter einem Minderwertigkeitsgefühl leiden können, das ihnen sagt: »So unzulänglich, wie ich bin, darf ich nicht sein. Um geliebt zu werden, muß ich anders werden, als ich bin.« Das Ergebnis ist, daß sie ihre Schwächen verdecken und möglichst keine Gefühle zeigen.**

## »Du sollst nicht fühlen!«

Ob in der Familie, in der Schule oder im Beruf: Wir sollen von Kindesbeinen an reibungslos funktionieren. Übergroße Emotionalität ist nicht gefragt. Auch positive Gefühle wie Verliebtheit (»Mein Gott, sind Sie heute wieder unkonzentriert! Wo haben Sie denn Ihren Kopf?«) oder Vorfreude auf ein schönes Ereignis (»Können Sie sich nicht etwas später freuen?«) interessieren das Umfeld meist nicht besonders.
Bereits als kleine Kinder müssen wir entdecken, daß ein Teil unserer Persönlichkeit unerwünscht oder böse ist. »Unerwünschte« Gefühle sind beispielsweise Wut, Trotz, Haß, aber auch Neid, Mißgunst und Ekel. Und wie unbefangen dürfen Kinder Angst und Unsicherheit zeigen, ganz zu schweigen von Selbstmitleid und Verzweiflung?
Um Konflikten aus dem Weg zu gehen, lernen Kinder häufig schon sehr früh, diese von niemandem geliebten Emotionen zu verstecken.

**»Wo Gefühle zugelassen werden, bricht das Schweigen zusammen, und der Einzug der Wahrheit kann nicht mehr aufgehalten werden.«**
**Alice Miller, Psychotherapeutin**

## Hunger und Kummer

Normalerweise lernt jeder von uns bereits in der frühen Kindheit, Empfindungen voneinander zu unterscheiden.
So wissen Sie, ob Sie gelangweilt, wütend, deprimiert oder hungrig sind. Bei manchen Menschen ist diese Fähigkeit jedoch unterentwickelt.
So entdeckte man, daß Mädchen mit Eßstörungen oft Schwierigkeiten haben, zwischen den einfachsten Gefühlen zu unterscheiden. Wenn sie beispielsweise Probleme mit ihrem Freund haben, wissen sie nicht genau, ob sie wütend, ängstlich oder deprimiert sind – sie erleben bloß einen diffusen Gefühlssturm, mit dem sie nicht klarkommen.
Dafür »lernen« sie aber, daß sie sich besser fühlen, wenn sie beispielsweise eine Tafel Schokolade essen. Für viele Menschen wird aus dieser Erfahrung eine tief verwurzelte emotionale Gewohnheit.
Wem es schwerfällt, seine Gefühle zu erkennen oder sie in Worte zu fassen, dem bleiben die Zusammenhänge zwischen Denken, Fühlen und Handeln verborgen. Wer jedoch lernt, sich selbst besser wahrzunehmen, der erkennt, daß eine Entscheidung nicht nur von seinen Gedanken, sondern ganz wesentlich auch von seinen Gefühlen bestimmt wird.

## Stimmungen und Gefühle wahrnehmen

Legen Sie das Buch kurz zur Seite, und versuchen Sie, sich zu vergegenwärtigen, was Sie im Moment fühlen. Schließen Sie die Augen und spüren Sie Ihren Körper. Sind Sie angespannt, oder sitzen Sie ganz bequem? Wie ist die Raumtemperatur? Sind Ihre Hände und Füße warm? Hören Sie Stimmen oder Geräusche in Ihrer Umgebung? Riechen Sie etwas? Was fühlen Sie unter Ihren Fingern? Benützen Sie all Ihre Sinne!
Versuchen Sie dann, Ihre Stimmung genau zu beschreiben. Diese Übung können Sie in vielen Situationen wiederholen: im Bus, im Wartezimmer beim Arzt, beim Schlafengehen, nach dem Mittagessen und immer, wenn Sie warten oder sich langweilen.
Sie können lernen, sich aufmerksamer wahrzunehmen und sich besser zu spüren! Es fehlt Ihnen meist nur die Übung.

### Gedanken beeinflussen Gefühle

Während es eben um die Frage ging: »Was fühle ich?«, lautet die Frage nun: »Wie fühle ich mich?«
Nehmen Sie sich wieder fünf Minuten Zeit, und beantworten Sie im stillen folgende fünf Fragen:

- Wie geht es mir, wenn ich an meinen Partner denke?
- Was spüre ich beim Gedanken an meinen Nachbarn?
- Welche Stimmung löst mein bevorstehender Urlaub aus?
- Wie erlebe ich meine Zusammenarbeit mit den Kollegen?
- Welches Gefühl stellt sich ein, wenn ich an die letzte Begegnung mit meiner Mutter denke?

Vielleicht haben Sie entdeckt, wie blitzschnell Ihre Gefühle wechseln und von Ihren Gedanken beeinflußt werden.
Eine Seminarteilnehmerin faßte protokollartig zusammen, wie sie die ersten drei Minuten einer Fortbildung dazu nutzte, sich zu fragen, wie sie sich gerade fühlt.
»Anfangs spürte ich, daß ich ängstlich war; ich hatte das Gefühl, nichts leisten zu können. Als ich herumschaute und mich fragte, was ich bei jedem in der Runde fühlte, wurde mir bewußt, daß mir ein Mann gegenübersaß, bei dessen Anblick ich Beklemmung verspürte. Kaum schaute ich auf seine Nachbarin, spürte ich meine Neugier, sie kennenzulernen. Der Typ daneben machte mich richtig sinnlich. Und

**TIP**

**Wenn es Ihnen schwer fällt, Ihre momentanen Empfindungen wahrzunehmen, können Sie sich auch die umgekehrte Frage stellen: »Wie fühle ich mich nicht?« Vielleicht wird Ihnen dann klar, was Sie fühlen. Sobald Sie beispielsweise feststellen: »Ich fühle mich nicht entspannt«, spüren Sie erst, wie angespannt Sie eigentlich sind.**

bei der Frau neben mir fühlte ich mich ausgeglichen ...« Dieses Beispiel verdeutlicht, daß wir oft wesentlich mehr Empfindungen haben, als uns bewußt sind. Aber erst wenn wir wissen, wie und was wir fühlen, können wir entsprechend reagieren.

**Wer stets macht, was er schon immer gemacht hat, wird weiterhin bekommen, was er schon immer bekommen hat.**

### Unsere Sicherheitszonen

Zum Wohlfühlen gehört Sicherheit. Jeder Mensch braucht einen Rahmen, in dem er sich entspannt und geborgen fühlt. Verlassen wir unseren vertrauten Bereich, stellen sich Sorgen und Ängste ein, denn wir riskieren,

- Fehler zu machen,
- keine Hilfe zu erhalten,
- uns lächerlich zu machen,
- unser Gesicht zu verlieren.

Wer kein Risiko eingeht, beläßt alles beim alten. Wandel und Wachstum – auch unser persönliches Wachstum – gelingen nur, wenn wir unsere Sicherheitszone verlassen und bereit sind, ein Risiko einzugehen, auch wenn wir dem Unvertrauten anfangs mit Sorge entgegensehen.
Haben wir uns aber auf das Neue eingelassen und die Herausforderung bewältigt, vergrößert sich der Bereich, in dem wir sicher auftreten und uns wohl fühlen. Unsere Selbstsicherheit ist gewachsen, und wir trauen uns mehr zu.

**Mehr Sicherheit – weniger Sorgen und Ängste**

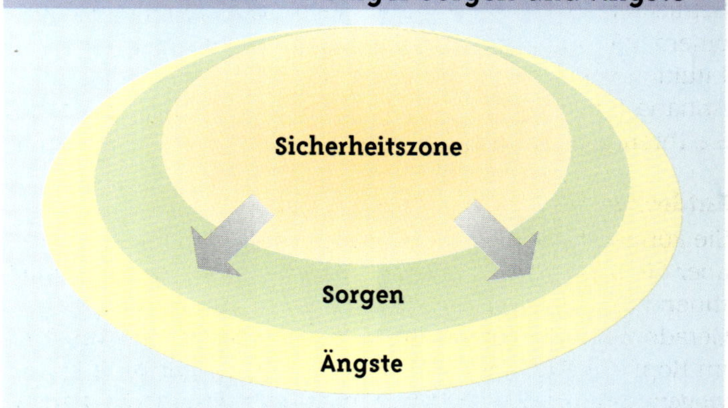


**Wer sich Sorgen und Ängsten stellt, gewinnt mehr Sicherheit.**

## Vertrauen Sie auf Ihre Intuition!

Es gibt auch einen Bereich, der dem Bewußtsein nicht zugänglich ist: die Intuition, die spontanen Eingebungen. Heute sind diese »Instinkte« oft unterentwickelt, da in unserer Wohlstandsgesellschaft, die so viel Sicherheit, Überfluß und Wahlmöglichkeiten bietet, kaum jemand mehr ums Überleben kämpfen muß. Die Intuition ist deshalb nicht mehr in dem Sinne gefragt wie früher. Aber: Sie ist da! Wir verlassen uns nur viel zu wenig auf diese spontanen Eingebungen, die instinktiv richtige Einschätzung von Personen oder Situationen. Und wir vernachlässigen damit ein großes Potential zur Bewältigung von Problemen.
Sie haben vielleicht schon einmal nach einer großen Enttäuschung gesagt: »Hätte ich bloß auf meine Gefühle gehört!« Ob es um Liebesbeziehungen geht oder um berufliche Entscheidungen, unser »Bauch« reagiert vor dem Kopf.

**»Es ist ganz einfach: Man sieht nur mit dem Herzen gut. Das Wesentliche ist für das Auge unsichtbar.«**
**aus »Der kleine Prinz«**
**Antoine de Saint-Exupéry, 1900–1944, französischer Dichter**

### Intuitionstest

Stellen Sie sich mindestens fünf Situationen vor, bei denen Sie sich für oder gegen etwas entscheiden mußten. Denken Sie beispielsweise an alltägliche Begegnungen, Partnerwahl, berufliche Entscheidungen. Diese Situationen sollten schon etwas zurückliegen, und Sie sollten dazu schon einen gewissen Abstand haben.
Überlegen Sie sich, ob Ihr spontanes Gefühl, das Sie bei diesen Entscheidungen am Anfang hatten, im nachhinein betrachtet richtig war. Notieren Sie diese Situationen mit einem Stichwort, und schreiben Sie dazu, wann sich Ihre Intuition bestätigt und wann sie sich nicht bestätigt hat. Anhand Ihres Ergebnisses können Sie überprüfen, wie sehr Sie Ihrem ersten Gefühl trauen können.

### Entdecken Sie Ihre spontanen Gefühle!

Sie können Ihre Intuition zwar nicht direkt beeinflussen, aber Sie haben die Möglichkeit, sie zu fördern, denn sie hilft Ihnen manchmal auf völlig unerwartete Art und Weise. Gerade wenn Sie vor wichtigen Entscheidungen stehen, Sie im Kopf alle Plus- und Minuspunkte gegeneinander abgewogen und mit vielen Menschen darüber gesprochen haben, aber dennoch nicht wissen, welche Entscheidung die rich-

tige ist, hilft Ihnen Ihre Intuition, sich deutlich dafür oder aber auch dagegen auszusprechen.
In drei Schritten können Sie sich darauf vorbereiten, empfänglicher und offener für diese spontanen Gefühle und Eingebungen zu werden.

**Vertrauen Sie auf Ihre Intuition. Sie ist Ihr empfindlichstes und zuverlässigstes Gefühlsbarometer.**

### Drei Schritte zu mehr Intuition

1. Konzentrieren Sie sich kurz vor dem Einschlafen noch fünf Minuten. Zunächst sagen Sie sich mehrmals: »Die richtige Entscheidung für mein Problem existiert. Es gibt eine optimale Lösung, und ich werde sie finden.«
2. Erteilen Sie Ihrem Unterbewußtsein eine konkrete Arbeitsanweisung: Formulieren Sie ganz genau, was Sie erreichen möchten. Sie können sehr präzise angeben, wo Sie ankommen möchten – auch wenn Sie im Moment noch nicht wissen, wie Sie dahin kommen.
3. Entspannen Sie sich, und stellen Sie sich vor, wie Sie sich fühlen werden, wenn die Lösung plötzlich da ist. Malen Sie sich aus, wie Ihnen zumute sein wird, sobald Sie Ihr Ziel vor Augen haben. Sie werden mit dem Gefühl von Zuversicht, Erleichterung und vielleicht sogar Tatendrang einschlafen.

Sie können sicher sein, daß Ihr Unterbewußtsein sich während des Schlafens mit verschiedenen Lösungswegen beschäftigen wird. Die optimale Lösung kommt bestimmt. Sie kommt unvermittelt und manchmal verschlüsselt, aber sie kommt. Ihre Intuition wird sich blitzschnell melden und zwar so präzise, daß die inneren Diskussionen, die Sie eventuell schon Wochen quälen, einfach wegfallen. Sie äußert sich in einem Wort, zum Beispiel:

- ja oder nein,
- Gefahr oder Sicherheit,
- Distanz oder Nähe,
- Sympathie oder Antipathie,
- Flucht oder Angriff ...

# Eigene Gefühle zur Sprache bringen

**Vielleicht kennen Sie Situationen, in denen es Ihnen schwerfällt, Ihre Gefühle in Worte zu fassen: Sie verstecken Empfindungen lieber hinter allgemeinen oder indirekten Formulierungen. Aber manchmal merken wir auch gar nicht, wie sich unsere Sinneswahrnehmungen durch unsere Sprache Ausdruck verleihen.**

## Die sprechenden Sinne

Mit Nase, Ohren, Zunge und Augen nehmen wir wahr. Daß dabei auch Gefühle am Werke sind, drückt sich nur allzu oft in der Sprache aus. So sagen wir, daß wir jemanden »nicht riechen« können oder daß uns etwas »stinkt«. Und wenn uns eine Enttäuschung »bitter« ankommt, wir eine Kritik als »herb« erleben oder jemanden als »geschmacklos« bezeichnen, müssen wir nicht jedesmal zuvor mit der Zunge probiert haben. Auch unseren Tastsinn benutzen wir im übertragenen Sinn, wenn uns Ereignisse »hart« treffen, wir uns von unserem Chef »grob angepackt« fühlen oder voller Widerwillen etwas »mit spitzen Fingern anfassen«.

### Das »innere Auge«

Zum Wahrnehmen gehört das Beobachten. Da wir uns nicht immer aus der Distanz betrachten können, muß das innere Auge mithelfen. Sie haben bestimmte Bilder von Ihrer äußeren Erscheinung als auch von Ihrem Wesen. Wenn Sie sagen: »Ich war mal wieder gräßlich!«, dann haben Sie ein genaues Bild davon, wie Sie aussahen, wie Sie sich verhalten haben. Wenn Sie sagen, Sie wollen sich mit jemandem versöhnen, dann ist Ihr Gesichtsausdruck vor Ihrem inneren Auge ein ganz anderer; dann sehen Sie sich anders auftreten und handeln. Aber wir sehen noch weit mehr mit diesem inneren Auge, wir sehen auch Gefühle. Wir haben einen Blick für Ungerechtigkeit, wir sehen es jemandem an, wenn er schwindelt; wir sagen: »in jemanden hineinsehen«.

TIP

**Sie können es sich zur Angewohnheit machen, die oft vernachlässigte innere Stimme genau anzuhören und ihr nachzuforschen. Wenn Sie ein kleines, ungutes Gefühl im Bauch haben, drücken Sie es gedanklich nicht weg. Fragen Sie sich, woher es stammt. War es der Termin, den Sie heute vergessen haben, oder haben Sie ein schlechtes Gewissen, mal wieder Überstunden auf Kosten Ihres Partners zu machen?**

**Das »innere Ohr« und die »innere Stimme«**
Sie kennen den Ausdruck »in sich hineinhorchen«. Hören hat etwas mit Sprache oder mit Geräuschen zu tun. Man kann seinen Magen grummeln, das Blut in den Ohren rauschen hören. Und wir hören natürlich unsere eigene Stimme – auch wenn wir nicht sprechen: diese innere Stimme, die uns manchmal sagt, was wir tun oder lassen sollen, die uns warnt, uns zuredet, uns anfeuert oder aufstachelt. Das innere Ohr hört auch oft Dinge, die andere nicht gesagt haben. Wir sind da sehr hellhörig! Wir müssen also etwas in Worte fassen, um damit bewußt umgehen zu können.

**Sagen Sie auch manchmal: »So habe ich das gar nicht gemeint«? Wenn Sie Ihre Gefühle nur indirekt ausdrücken, geben Sie anderen einen großen Spielraum für Interpretationen.**

## Direkt oder indirekt: Ausdruck von Gefühlen

Das Ausdrücken unserer Empfindungen geht über das Erkennen hinaus. Es geht dabei sowohl um den Gesichtsausdruck, die Körperhaltung, die Stimmlage, die unsere Gefühle erkennen lassen, als auch um das Aussprechen. Viele Menschen sind es nicht gewohnt, Ihre Empfindungen in Worte zu fassen. Ihr Tonfall, begleitet von entsprechender Mimik, ersetzt die Gefühlswörter und soll vermitteln, wie ihnen zumute ist. Der Gesprächspartner muß raten, welches Gefühl zugrunde liegt. Die Beispielsätze der Übung verdeutlichen, wie wenig direkt wir unsere Emotionen ausdrücken.

### Direkter oder indirekter Ausdruck von Gefühlen

**Finden Sie heraus, ob es sich bei den Beispielen um direkt formulierte Gefühle oder indirekte, versteckt ausgedrückte Gefühle handelt.**

1. a) Kannst Du denn nicht sehen, daß ich beschäftigt bin?
   b) Ich kann mich nicht konzentrieren, wenn Du hier bist.
   c) Du denkst überhaupt nicht an andere, Du Egoist!
2. a) Ich fühle mich entmutigt durch das, was passiert ist.
   b) Das ist ein unangenehmer Tag gewesen!
   c) Es gibt gute und schlechte Tage, heute war kein guter.
3. a) Wenn ich mit Dir zusammen bin, fühle ich mich wohl.
   b) Jeder mag Dich.
   c) Du bist ein toller Typ.

4 a) Du benimmst Dich wie ein Elefant im Porzellanladen!
b) Man sollte die Regeln der Höflichkeit beachten!
c) Es ist mir peinlich, wie Du mit anderen umgehst.

5 a) Wenn sich die Zustände hier nicht ändern, suche ich mir 'nen neuen Job.
b) Hat man jemals von so einem schlechten Team gehört?
c) Ich fühle mich links liegengelassen.

6 a) Du bist überheblich.
b) Dein Lachen verunsichert mich.
c) Ich habe das Gefühl, daß Du keinen Grund hast zu lachen.

7 a) Ich bekomme hier so wenig Aufmerksamkeit, daß ich ebensogut wegbleiben könnte.
b) Ich fühle, daß es keinen interessiert, ob ich da bin oder nicht.
c) Ich fühle mich einsam und isoliert.

8 a) Ich bin eine Niete und werde nie etwas erreichen.
b) Ich fühle, daß dies ein schwieriges Projekt wird.
c) Ich fühle mich wie gelähmt, wenn ich an das bevorstehende Projekt denke.

9 a) Du denkst immer nur an Dich.
b) Ich fühle mich ausgenutzt.
c) Ich habe das Gefühl, wir sollten mal über unsere Beziehung sprechen.

10 a) Ich bin erleichtert, daß Dir nichts zugestoßen ist.
b) Du könntest zumindest anrufen, wenn Du so spät kommst.
c) Na endlich!

**Auswertung**

Folgende Äußerungen geben das Gefühl direkt wieder.
1 b), 2 a), 3 a), 4 c), 5 c), 6 b), 7 c), 8 c), 9 b), 10 a).

Nicht jeder Satz, der mit »Ich fühle« beginnt, enthält auch eine Empfindung. In manchen Kreisen ist es modischer Sprachgebrauch geworden, seine Vermutung und Einschätzung mit den Worten »Ich habe das Gefühl« einzuleiten. Vermutungen können wir aber nicht fühlen.

!

**Vielen fällt es leichter, das Verhalten des Gesprächspartners zu kritisieren, anstatt die eigenen verletzten Gefühle offen auszusprechen. Doch Vorwürfe lösen meist Abwehr und Verteidigung aus. Auf Verständnis stoßen Sie, wenn Sie Ihre Gefühle mitteilen.**

TIP

**Je präziser Sie Ihre Gefühle ausdrücken, desto genauer und intensiver kann Ihr Gesprächspartner Ihre Emotionen wahrnehmen.**

## Test: Wie gut können Sie Gefühle in Worte fassen?

Unsere Sprache hält viele Wörter bereit, mit denen wir Empfindungen ausdrücken können; meist fallen uns aber nur ganz wenige und immer die gleichen ein. Das kann dazu führen, daß wir auf viele Situationen, in denen uns etwas stört, mit dem Satz »ich bin sauer« oder »das ärgert mich« reagieren. Nicht gerade sehr differenziert und ausdrucksstark.
Vielleicht reizt es Sie, zu testen, wieviele Wörter und Redewendungen Ihnen geläufig sind, um Ihre Gefühle etwas präziser auszudrücken. Schauen Sie auf die Uhr, und geben Sie sich genau drei Minuten Zeit. Wieviele Wörter fallen Ihnen spontan ein, die Gefühle ausdrücken? Schreiben Sie sie auf, und zählen Sie dann die Zahl der Wörter zusammen.

### Auswertung

Hut ab, wenn Ihnen mehr als 30 Wörter eingefallen sind! Ihr umfangreicher Wortschatz ermöglicht Ihnen einen sehr differenzierten Ausdruck Ihrer Gefühle – eine gute Voraussetzung, um von anderen richtig verstanden zu werden.

Haben Sie zwischen 20 und 30 Wörter notiert, gehören Sie bereits zum oberen Drittel. Sie sind in der Lage, sich differenziert auszudrücken. Mit ein bißchen Übung werden Sie merken, wie Sie Gefühle noch besser unterscheiden können und daß sich das auch sprachlich formulieren läßt.

Vielleicht sind Sie überrascht, wenn Sie nur zwischen 10 und 20 Wörter aufgeschrieben haben; es entspricht unseren Gewohnheiten, zurückhaltend zu sein, wenn wir Gefühle formulieren sollen. Der Übungsaufwand hält sich in Grenzen (und es macht Spaß!), den aktiven Wortschatz zu erweitern. Sie finden in der Umschlagklappe »Wörterlisten«. Sie werden beim Lesen immer wieder denken, »ach richtig, das hätte ich auch aufschreiben können«.

Wenn Sie weniger als 10 Gefühle benannt haben, werden Sie deutliche Fortschritte erkennen, wenn Sie dieses Buch durchgelesen haben. Es wird Sie immer wieder anregen, Gefühle nicht nur zu erkennen, sondern auch zu benennen.

### Ärger: von Empörung bis Zorn

Um es am Beispiel zu zeigen, haben wir eine Liste von Wörtern zusammengestellt, die »Ärger« genauer wiedergeben:

- Empörung: Erregung, die sich in heftigen Worten entlädt
- Entrüstung: sich ereifern, sich erregen
- Groll: unterdrückter Ärger
- Haß: feindselige Abneigung
- Kränkung: gefühlsmäßig verletzt sein
- Rage: vor Wut die Beherrschung verlieren
- Verbitterung: von stetigem Groll erfüllt sein
- Verletzung: im Stolz getroffen sein
- Verstimmung: schlecht gelaunt sein
- Wut: unbeherrscht ausbrechender heftiger Zorn
- Zorn: heftiger, leidenschaftlicher Unwille

**Schreiben Sie die Namen der unterschiedlichen Gefühle auf. So prägen sie sich besser ein, und Sie verwenden sie auch häufiger.**

**Je differenzierter Sie ein Gefühl ausdrücken, desto eher ist der andere in der Lage, Sie wirklich zu verstehen. Er ist nicht mehr auf Vermutungen, Interpretationen oder persönlich begründete Annahmen angewiesen und kann angemessen auf Sie reagieren.**

### »Wort-Bilder«

Außer durch Gefühlswörter lassen sich Empfindungen auch in Bildern ausdrücken. Sie vermitteln uns knapp und zugleich anschaulich, wie jemandem zumute ist. Versuchen Sie, nachzuspüren, was Sie empfinden, wenn Sie sagen: »Ich fühle mich ...«

- wie eine zerquetschte Zitrone
- wie ein ausgewrungener Waschlappen
- wie das fünfte Rad am Wagen
- wie im Märchen
- wie bestellt und nicht abgeholt
- wie gerädert
- wie im siebten Himmel
- wie ein junger Gott

Fallen Ihnen noch mehr Bilder ein?

Eine weitere Möglichkeit, mit einem größeren Wortschatz Gefühle zu beschreiben, besteht darin, daß Sie Ihre Empfindungen in ganzen Sätzen ausdrücken.

- Ich fühle mich geborgen, wenn Du mich im Arm hältst.
- Ich bin besorgt, wenn ich an die Mieterhöhung denke.
- Ich fühle mich ausgenutzt, wenn mein Einsatz wie eine Selbstverständlichkeit betrachtet wird.
- Ich bin erleichtert, weil meine Befürchtungen unbegründet waren.
- Ich bin sehr zufrieden mit mir, weil ich mein Pensum geschafft habe.

TIP

**Sie können dadurch, daß Sie ein Gefühl in einem Bild ausdrücken, Ihrem Gegenüber sehr anschaulich vermitteln, wie Sie sich gerade fühlen. Umgekehrt gilt natürlich das gleiche: Nehmen Sie »Wortbilder« wörtlich, dann hören Sie nicht nur den Inhalt, sondern Sie fühlen viel genauer, wie dem anderen zumute ist.**

### »Ich« und »man«

An diesen Beispielsätzen erkennen Sie, daß Gefühle eigentlich nur in der Ich-Form ausgedrückt werden können. Wenn Sie an die Stelle des »Ich« ein »Du« setzen, merken Sie, daß Sie in den Bereich der Vermutung kommen.

Auch Aussagen, die ein Gefühl verallgemeinern, drücken in der Regel das Empfinden dessen aus, der spricht.

- Wir freuen uns auf den Abend bei Ihnen.
- Man muß sich ja schämen.
- Die anderen empfinden das auch als eine Frechheit.

Diese Bemerkungen geben im Grunde die Gefühle des Sprechenden wieder. Vielleicht haben Sie als kleines Kind auch gelernt, das Wort »ich« nicht so oft zu verwenden. Lange

Jahre wurde in der Schule gelehrt, daß ein Deutschaufsatz nicht mit »ich« beginnen soll. Und haben Ihre Eltern Ihnen auch beigebracht, einen Brief niemals mit dem Wort »ich« anzufangen?

Doch wie sollen andere Ihre Wünsche, Absichten – aber auch Ihre Meinungen – erkennen, wenn Sie nicht »ich« sagen? Wer sich hinter »man-« und »wir-«Sätzen versteckt, geht das Risiko ein, sein Ziel nicht zu erreichen. Wir können zwar versuchen, die Gefühle von anderen wahrzunehmen und in Worte zu fassen; aber nur bei uns selbst können wir wirklich sicher sein, daß wir die treffende Formulierung gefunden haben.

**Versuchen Sie einmal, möglichst viele Wörter zu finden, die folgende Gefühlszustände beschreiben können: Verliebtsein, Mitleid, Genuß, Sympathie, Kränkung, Eifersucht, Enttäuschung, Unsicherheit. Beginnen Sie mit den Worten: »Ich fühle mich ...« oder »Ich bin ...«.**

**Worte schaffen Distanz**

Wenn Sie Ihre Gefühle genauer betrachten, lernen Sie sich besser kennen. Mit der rechts an der Seite stehenden Übung erweitern Sie nicht nur Ihren Wortschatz, sondern Sie steigern auch Ihre Selbstwahrnehmung und Ihre Sensibilität für sich und für andere.

So könnte jemand zum Beispiel seinen Gefühlszustand beschreiben, wenn er sich ärgert: »Mein Puls geht schneller, das Blut schießt mir ins Gesicht, mir wird heiß; ich runzle die Stirn, mein Kopf senkt sich leicht nach vorn und ich beiße die Zähne zusammen, meine Hände umklammern die Stuhllehne und die Muskelspannung im ganzen Körper erhöht sich; meine Stimme wird lauter und schneller. Ich fühle mich nicht akzeptiert und bin angriffslustig; meine Gedanken überschlagen sich; ich nehme meine Umgebung nur noch schwach wahr, meine Aufmerksamkeit konzentriert sich ganz auf mein Gegenüber ...«

Emotional intelligente Menschen können ihre Gefühle beeinflussen. Statt sich impulsiv ihren Stimmungen hinzugeben, kleiden sie das, was sie spüren, in Worte und gewinnen so Kontrolle darüber. Es ist ein Unterschied, ob Sie ungeheuer wütend auf jemanden reagieren oder ob Sie dieses Gefühl, das in Ihnen aufwallt, benennen und sich sagen: »Es ist Wut, was ich empfinde.«

Dieser erste Schritt hilft Ihnen, Abstand zu gewinnen – einen Abstand, den Sie benötigen, um Ihre Gefühle ernst zu nehmen, ohne ihnen gleichzeitig ausgeliefert zu sein.

Teilen Sie gerade auch Ihren Kindern mit, wie Sie sich fühlen. So können sie Ihr Verhalten besser verstehen und akzeptieren.

**TIP**

**Wenn Sie im Gespräch über Alltagssituationen berichten, erzählen Sie dann auch von Ihren Gefühlen? Tun Sie es! Dann ermöglichen Sie Ihrem Gesprächspartner, die Situation genauer einzuschätzen und besser auf Sie einzugehen.**

## Gefühle – und was davon rüberkommt

Statt ihren Gefühlen wie Freude, Sorge, Wut, Enttäuschung und Trauer Ausdruck zu verleihen, ziehen sich viele Menschen gern auf die sachliche Ebene zurück. Mußten Sie auch als Kind lernen, Ihre Gefühle im Zaum zu halten? Kennen Sie die Aufforderung, bitte »sachlich« zu bleiben? Wen wundert es, wenn sich viele kaum noch trauen, ihre Empfindungen auszudrücken.

### »Ich mache mir Sorgen«

Wenn Sie Ihrer halbwüchsigen Tochter oder Ihrem Sohn etwas verbieten, dann tun Sie das wahrscheinlich nicht aus Bösartigkeit, blankem Unverständnis oder reiner Schikane. Vermutlich steckt Sorge dahinter. Die Frage ist nur: Wie

drücken Sie diese vielleicht berechtigte Angst aus? Es ist sicher einfacher, Verbote und Anordnungen zu erteilen, als sich einem Gespräch zu stellen, das Ihre Gefühle zum Thema hat. Aber: Gefühle kann man nicht wegdiskutieren; und auch junge Menschen, die meist eine sehr feine Antenne haben, sind in der Lage, sich in ihre Eltern hineinzuversetzen.
Vielleicht wäre es dann möglich, eine Lösung zu finden, die sowohl den Wünschen der Kinder entspricht als auch dem Verantwortungsgefühl der Eltern. Das Ziel, mit unserer Sorge ernst genommen zu werden, läßt sich auch anders als durch Verbote oder Anweisungen erreichen.
Der Satz »Ich bin unruhig, wenn Du um Mitternacht noch unterwegs bist. Ich mag dann nicht schlafen gehen, weil ich mir Sorgen mache, Dir könnte etwas passiert sein« drückt sehr deutlich aus, wie Sie sich fühlen und daß Sie sich Gedanken machen.

**Erst wenn Sie Ihre Gefühle beschreiben, geben Sie dem anderen die Gelegenheit, darauf zu reagieren.**

### »Er ist ein Choleriker«

Oder Ihr Streit mit dem Chef: Wenn Sie im nachhinein davon erzählen, berichten Sie Ihrem Gesprächspartner vielleicht, daß Ihr Vorgesetzter »völlig unfähig, cholerisch, ungerecht« oder »einfach blöd« ist.
Er erfährt aber von Ihnen nicht, wie Sie sich fühlen: Sind Sie gekränkt, wütend, handlungsunfähig und total gelähmt? Oder sind Sie diese Auftritte Ihres Chefs und sein Einlenken am nächsten Tag schon so gewohnt, daß Sie das nur noch oberflächlich berührt? Genau diese Information ist aber wichtig, damit sich Ihr Gesprächspartner auf Ihre Gefühle richtig einstellen kann.

### Erst fühlen – dann reden

Wir möchten Sie an dieser Stelle mit Anna und Paul bekannt machen, einem jungen Paar, dem Sie beim Lesen dieses Buches immer wieder einmal begegnen werden. Wir werden anhand von kurzen Geschichten mit Anna und Paul alltägliche Schwierigkeiten und grundsätzliche Probleme darstellen, die Ihnen anschaulich zeigen, wie fruchtlos manche Verhaltensweisen sind. Wir zeigen Ihnen damit aber auch, wie sich das Verhalten verbessern läßt.

**Jeder ist ganz allein für seine Emotionen verantwortlich, denn jeder kann sie beeinflussen.**

● Was ist passiert? Anna und Paul sind in der Stadt zum Essen verabredet. Anna wartet schon zwanzig Minuten am vereinbarten Treffpunkt.
● Wie hat sie reagiert? Als Paul endlich um die Ecke biegt, empfängt sie ihn mit den Worten: »Ich warte hier seit einer Ewigkeit. Warum kommst Du jetzt erst? Du bist ein total rücksichtsloser Typ!«
● Was hat sie gespürt? Anna ist stinksauer.
● Gab es noch andere Gefühle, die eine Rolle spielten? Beim genauen Betrachten ihrer Empfindungen entdeckt Anna, daß sie anfangs verdrossen wartet, mit jeder Minute aber ärgerlicher wird, was schließlich in ihrem empörten Vorwurf der Rücksichtslosigkeit gipfelt. Im nachhinein merkt sie jedoch, daß ihr Ärger nicht das einzige Gefühl war: Sie war auch ein wenig beunruhigt, ob Paul etwas zugestoßen sein könnte, und sie fühlte sich gekränkt, ja, in

ihrer Eitelkeit verletzt, daß Paul sie einfach warten ließ. Anna steigerte ihre Gefühle von Verdrossenheit über Ärger bis zur Empörung. Ihre Aussage »rücksichtsloser Typ« drückt aus, daß Paul der Grund für ihre negativen Gefühle ist. Doch hier verdeckt unser gewohnter Sprachgebrauch die wahren Hintergründe: Paul ist nicht für Annas Empfindungen verantwortlich. Vielleicht regt sich jetzt Widerspruch in Ihnen, aber Paul ist nicht der Grund für Annas Ärger, sondern nur der Auslöser. Wenn wir uns in Annas Situation hineindenken, dann erleben wir im Warten, im Nichts-tun-Können, eine ausgesprochen unangenehme Empfindung: Es ist eine Mischung aus Hilflosigkeit und Ohnmacht. Außerstande, diese mißliche Lage zu ändern, erfahren wir, daß sie zwanzig Minuten lang wartet. Sie harrt also aus. Es ist verständlich, daß ein erwachsener Mensch keine Lust verspürt, sich so ausgeliefert zu erleben. Da gerät das Bild, das man von sich selbst hat, ein wenig durcheinander. Und wer ist Schuld an dieser Misere? Paul! Wäre er pünktlich, müßte Anna nicht erfahren, wie sehr sie ihr Handeln von Paul abhängig macht. Wenn sie auch nur eines ihrer Gefühle angesprochen hätte, könnte Paul jetzt auf sie eingehen. Da sie ihn aber massiv angegriffen hat, als er endlich auftauchte, wird er versuchen, sich zu rechtfertigen. Wie es Anna geht, steht ja gar nicht zur Diskussion; sie selbst hat Paul und sein Verhalten zum Thema gemacht.

TIP

**Sie können viele nervenaufreibende Streitgespräche vermeiden, wenn Sie sich immer wieder folgende vier Fragen stellen: Was ist passiert? Wie habe ich reagiert? Was habe ich gespürt? Und gab es noch andere Gefühle, die hier eine Rolle spielten?**

## Übung: Situationen hinterfragen

Die hier beschriebenen Vorfälle regen Sie vielleicht dazu an, daß Sie Ihre eigenene Gefühle und Handlungsweisen noch besser kennenlernen wollen. Die fünf auf der folgenden Seite kurz beschriebenen Situationen kennt vermutlich jeder und hat sie selbst erlebt. Erinnern Sie sich bitte möglichst genau, als Sie in einer solchen oder ähnlichen Lage waren, und hinterfragen Sie diese Situation nach folgendem Muster:

**Was ist passiert?**
**Wie habe ich reagiert?**
**Was habe ich gespürt?**
**Gab es noch andere Gefühle, die eine Rolle spielten?**

»Der Mensch ist ein Komplex von Wünschen und Widersprüchen. Man muß das im ganzen sehen, um ihn zu verstehen.«
Samy Molcho, Pantomime

**Vielleicht haben Sie schon einmal dem Drängen eines anderen nachgegeben und in einer schwierigen Situation ausgeholfen. Doch es kam weder ein Dank noch eine andere Reaktion.**

- Was ist passiert?
- Wie habe ich reagiert?
- Was habe ich gespürt?
- Gab es noch andere Gefühle, die eine Rolle spielten?

**Vielleicht fällt Ihnen ein Mißgeschick ein, bei dem die Umstehenden grinsten.**

- Was ist passiert?
- Wie habe ich reagiert?
- Was habe ich gespürt?
- Gab es noch andere Gefühle, die eine Rolle spielten?

**Können Sie sich an eine Situation erinnern, in der Sie sich auf eine gemeinsame Unternehmung gefreut haben, die jedoch kurzfristig vom anderen abgesagt wurde?**

- Was ist passiert?
- Wie habe ich reagiert?
- Was habe ich gespürt?
- Gab es noch andere Gefühle, die eine Rolle spielten?

**Erinnern Sie sich an eine Begebenheit, in der Sie in unangemessen scharfem Ton kritisiert wurden?**

- Was ist passiert?
- Wie habe ich reagiert?
- Was habe ich gespürt?
- Gab es noch andere Gefühle, die eine Rolle spielten?

**Erinnern Sie sich an eine Situation, wo Sie lange auf jemanden warten mußten?**

- Was ist passiert?
- Wie habe ich reagiert?
- Was habe ich gespürt?
- Gab es noch andere Gefühle, die eine Rolle spielten?

# Wenn der Körper spricht

**Der Körper sendet eindeutige Signale, das Gesicht kann Bände sprechen, und wenn wir gestikulieren, können wir uns sogar im Ausland verständlich machen. Außerdem meldet sich der Körper sehr deutlich, wenn er überfordert und zu wenig beachtet wird.**

## Der Körper lügt nicht

Selbst wenn Sie nicht gewohnt sind, Ihre Gefühle in Worte zu fassen, wenn die Sprache der Gefühle verkümmert ist, oder sogar wenn Sie Ihre wahren Empfindungen mit Worten verbergen, vertuschen wollen – Ihr Körper verleiht ihnen trotzdem Ausdruck. Ihr Gegenüber nimmt sie trotzdem wahr. Es liegt dann nicht an Ihrer Sprache, sondern an Ihrer Körpersprache, daß Sie verstanden werden.

### Mimik und Gestik

Der berühmte Pantomime Samy Molcho geht sogar noch weiter, wenn er sagt, unsere Körpersprache sei deutlicher als die Sprache der Wörter. Körperausdruck bezeichnet er als den »Ausdruck innerer Bewegung« (also Gefühle). Sind wir uns dessen bewußt? Sind wir Körper, oder haben wir Körper? Ein einfaches Beispiel soll dies veranschaulichen: Sie haben sich mit Ihrem Partner gestritten und hören plötzlich: »Du mußt jetzt gar nicht beleidigt sein!« Sie haben jedoch mit keinem Wort erwähnt, daß Sie sich verletzt oder gekränkt fühlen. Wie kommt er darauf? Durch Ihre Körpersprache. Wahrscheinlich haben Sie sich abgewandt, die Arme verschränkt oder nach unten gesehen. Damit haben Sie wortlos, aber unübersehbar, Ihre Gefühle ausgedrückt.

**Hier einige Beispiele für typische Körpersignale: Interesse an Ihrem Gegenüber zeigen Sie durch Vorbeugen des Oberkörpers, Desinteresse durch Zurückziehen oder Abwenden. Wenn Sie niedergeschlagen sind, lassen Sie Kopf und Schultern hängen. Wiedersehensfreude spiegelt sich in Ihrem strahlenden Gesicht und den weit ausgebreiteten Armen. Ärger sieht man schon an Ihrer gerunzelten Stirn.**

### Der Ton macht die Musik

Wie Ihnen zumute ist, drückt nicht nur Ihr Körper aus, auch Ihr Tonfall läßt erkennen, wie Sie sich fühlen. Lange bevor Sie als Kleinkind einzelne Wörter verstanden haben, konnten Sie am Klang der Stimme unterscheiden, ob Ihre Mutter entspannt oder verkrampft, heiter oder verärgert war.

TIP

**Haben Sie Lust, Pantomime zu spielen? Versuchen Sie, dabei Gefühlszustände ohne Worte auszudrücken. Suchen Sie sich einen Spiegel, in dem Sie sich ganz sehen können, und – falls Sie zu zweit sind – geben Sie dem anderen die gleichen Themen vor.**

**Gefühle und Stimmungen drücken sich ganz unmittelbar in der Gestik und Mimik eines Menschen aus.**

Diese Fähigkeit hilft uns, zu erkennen, wie eine Mitteilung wirklich zu verstehen ist. Wenn es uns auch leicht fallen mag, mit Worten zu lügen – nicht nur unser Körper, auch unser Tonfall kann uns verraten. Wie verräterisch unsere Stimme ist, können Sie gleich selbst ausprobieren:
Denken Sie an jemanden, den Sie sehr lieb haben, und sprechen Sie laut aus, was Sie für ihn empfinden. Anschließend rufen Sie sich das Bild eines Menschen ins Gedächtnis, den Sie gar nicht mögen, vielleicht sogar verabscheuen. Und nun schwindeln Sie bewußt, indem Sie genau den gleichen Satz laut aussprechen, der Ihr Gefühl für die erste Person wiedergab. Merken Sie, wie sich Ihre Stimme verändert hat? Wieviel mehr verrät Ihre Stimme wohl, wenn Sie nicht bewußt darauf achten?

## Krankheit ist die »Sprache der Seele«

Welch deutliche Sprache der Körper spricht, haben Sie vielleicht schon bemerkt, wenn Sie krank waren. Viele Ärzte sind sich darüber im klaren, daß der Körper im Krankheitsfall häufig »die Sprache der Seele spricht«. Auch unser Sprachgebrauch zeugt davon:

- Davon bekomme ich einen Kropf.
- Ich bin total verspannt.
- Das geht mir an die Nieren.
- Etwas bereitet mir Kopfschmerzen.
- Das schlägt mir auf den Magen.
- Mein Hals ist wie zugeschnürt.
- Mir ist ganz schwindelig.
- Ich bin verschnupft.

Diese Ausdrücke beschreiben sowohl einen körperlichen Zustand als auch eine seelische Befindlichkeit.
Haben Sie schon einmal überlegt, ob eine Krankheit Ihre Gefühlslage widergespiegelt hat? Und warum ist vielen das Gespräch beim Arzt so wichtig? Weil sie sich danach meist schon ein bißchen besser fühlen. Balsam für die Seele also? Körper und Seele sind nicht voneinander zu trennen. Für unser Wohlbefinden sind beide maßgebend. Deshalb sollten wir auch beide gut behandeln.
Wir können uns bemühen, bewußt wahrzunehmen, was sich in uns abspielt, bevor sich ein Gefühl durch Krankheit nach außen Bahn brechen muß.

**Auch bei Kopfschmerzen kann Ihnen die Antwort auf eine der folgenden Fragen die Augen öffnen: Worüber zerbreche ich mir den Kopf? Versuche ich, mit dem Kopf durch die Wand zu gehen? Bin ich dickköpfig? Welche anderen Empfindungen – außer dem Kopfschmerz – nehme ich zur Zeit an mir wahr?**

### Schmerz – ein Signal

Da Krankheit zur Ruhe zwingt, können Sie die »Muße« nutzen und sich fragen, was die Beschwerden Ihnen mitteilen. Statt bei Magen- und Verdauungsproblemen zu Medikamenten zu greifen, empfiehlt der Psychologe Thorwald Dethlefsen, sich bestimmte Fragen zu stellen, um den Beschwerden auf den Grund zu gehen. Auch hier regt uns die Sprache dazu an, Ursachen für körperliches Unwohlsein aufzudecken:

- Fresse ich etwas in mich hinein?
- Was finde ich zum Erbrechen?
- Was stößt mir sauer auf?
- Warum verkrampft sich mein Magen?

Diese Betrachtungsweise mag ungewohnt und unbequem sein. Denn die eigene Verantwortung für die Gesundheit rückt plötzlich in den Mittelpunkt, wenn Krankheit als Ausdruck für ungelöste Probleme angesehen wird.

## »Ich bin total im Streß!«

Es gibt einen Zustand, bei dem uns sofort klar ist, daß unsere seelische Befindlichkeit vom Körper widergespiegelt wird: Streß! Die Krankheit unserer Zeit! Ein ganzer Zweig der Psychologie setzt sich mit Streßforschung auseinander. Wissenschaftler suchen Antworten auf Fragen wie:

- Was sind die Auslöser für Streß?
- Welche Bedeutung hat die persönliche Einschätzung eines Ereignisses dafür, daß Menschen in Streß geraten?
- Welche unterschiedlichen Möglichkeiten gibt es zur Streßbewältigung?

**»Streß: erhöhte körperliche oder seelische Anspannung. Belastung, die bestimmte Reaktionen hervorruft und zu Schädigungen der Gesundheit führen kann.« Duden**

Die Auswirkungen, die Streß sowohl körperlich als auch seelisch auf uns hat, müssen nicht bei allen die gleichen sein: Der eine bekommt Herzrasen, Bluthochdruck, leidet an Schlaflosigkeit und verliert seine Pfunde einfach nebenbei; der andere leidet an Dauermüdigkeit, Antriebslosigkeit, depressiven Verstimmungen oder Heißhungeranfällen. Was diese Symptombeschreibungen gemeinsam haben, ist der Umstand, daß keinerlei Gefühl angesprochen wird.

### Die Macht der Worte

Worte haben eine starke psychologische Kraft. Mit Worten beschreiben wir nicht nur Ereignisse, Gegenstände, Gefühle, Namen und Tätigkeiten; Worte können direkt ein Gefühl in uns auslösen. In einem Roman können Sie durch die Worte, die Sie lesen, zu Tränen gerührt sein. In einer anderen Situation können Sie über einen Witz Tränen lachen.
Alle Erfahrungen werden im Gedächtnis gespeichert. Auch einzelne Wörter und die damit verbundenen Stimmungen und Empfindungen sind dort verankert. Dadurch kann allein das Aussprechen eines Wortes eine starke Wirkung auf unser Befinden haben.
Man kann mit Apparaten messen, daß unser Herzschlag, die Gehirnaktivität, unsere Durchblutung und unsere Muskelspannung durch Wörter beeinflußt werden können. Die

**Kopfschmerzen sind ein typisches Streßsymptom. Hier zeigt sich, wie Gefühle das körperliche Wohlbefinden beeinflussen.**

subjektive Wirkung eines Wortes kann sehr verschieden sein: Während der eine allein beim Hören des Wortes »Krise« ganz verzagt wird, mobilisiert der andere beim gleichen Wort seine ganze Energie. Bei manchen Menschen krampft sich der Magen zusammen, wenn sie das Wort Zahnarzt hören, während andere völlig gelassen bleiben.

### »Streßwörter«

Es gibt Streßwörter, die uns derartig blockieren, daß sie unsere Leistungsfähigkeit stark einschränken.
Sie können mit einem Test die Probe aufs Exempel machen: Nehmen Sie eine Tüte Zucker in die Hand, und halten Sie das Paket mit waagerecht ausgestrecktem Arm so, daß der Handrücken zur Decke weist. Während Sie mit ausgestreck-

TIP

**Versuchen Sie einmal, Ihre dauernden Belastungen und Ärgernisse in Worte zu fassen. Angefangen von der Kleinigkeit, daß Ihnen beim Frühstück immer jemand die Zeitung wegschnappt, über die Dauerberieselung mit Musik im Supermarkt, bis hin zu den nervenaufreibenden Gewohnheiten eines Kollegen oder der Hetzerei im Straßenverkehr.**

»An sich ist kein Ding weder gut noch schlecht; das Denken macht es erst dazu.«
William Shakespeare, 1564-1616, englischer Dichter

tem Arm stehen, denken Sie an ein schönes Urlaubserlebnis. Malen Sie sich noch einmal in Gedanken aus, wie herrlich es dort war. Nach etwa einer Minute verändern Sie unvermittelt die Situation und sagen mehrmals laut und deutlich ein Wort, das üblicherweise bei Ihnen Streß auslöst, beispielsweise: Beurteilungsgespräch, Prüfung, Kritik, Konferenz oder Verkehrsstau.
Vielleicht fällt Ihnen auf, wie das Zuckerpaket plötzlich schwerer wird. Bevor Sie Ihren Arm senken, kehren Sie zur Vorstellung des angenehmen Urlaubserlebnisses zurück. Sie werden feststellen, daß der Arm wieder leichter wirkt.
Wenn Sie zu zweit sind, können Sie den Test abwandeln: Formen Sie mit Daumen und Zeigefinger ein »O«. Dann lassen Sie Ihren Partner versuchen, den fest geschlossenen »Fingerring« zu öffnen. Wenn er keine Gewalt anwendet, wird er erheblichen Widerstand spüren. Erst nach dem Streßwort ist Ihr »Fingerring« leicht zu knacken. Sobald Sie jedoch erneut Wörter aussprechen, bei denen Sie an etwas Positives denken, hält Ihr Ring dem Belastungstest stand.
Beim Aussprechen oder der bloßen Vorstellung lassen Streßwörter die unangenehmen Erinnerungen samt den damaligen Empfindungen, die damit verknüpft sind, wieder aufleben. Wir bringen uns damit in eine schlechte Verfassung und sind im Begriff, uns für zukünftige Ereignisse negativ einzustimmen. Wenn Sie sich mit Ihren persönlichen Streßwörtern beschäftigen, können Sie sie entschärfen und die damit verbundenen Blockaden auflösen. Die Wörter selbst verursachen keinen Streß, es sind unsere Erfahrungen, die wir mit diesen Wörtern verknüpfen.
Wie Sie sich positiv stimmen können, wird im nächsten Kapitel noch ausführlich erläutert.

### Was verursacht Streß?

Die Auslöser für Streß sind immer Ereignisse, die Sie überfordern und die Sie als »kritisch« erleben. Der eine empfindet eine große Aufgabe, die er auch noch unter Zeitdruck erledigen soll, als eine Herausforderung. Er geht hochmotiviert ans Werk. Dieselben Bedingungen haben für einen anderen eine totale geistige Blockade, schlaflose Nächte und Gereiztheit zur Folge.

**Es gibt unzählige Streßauslöser. Bei einem sind es die Marotten des Kollegen, beim anderen ernste Partnerschaftsprobleme.**

## Überforderung und Versagen

Wir alle haben unsere ganz eigenen Erfahrungen im Leben gemacht, und diese sind Grundlage dafür, wie wir Situationen bewerten. Wir haben also bestimmte Verhaltensmuster erworben, nach denen wir in kritischen Momenten immer wieder ähnlich reagieren. Manche Schüler entwickeln bereits in der ersten Klasse, aufgrund der gestellten Anforderungen, große Angst zu versagen. Leistung wird gefordert; nicht nur Lehrer, sondern auch Eltern und Mitschüler haben Erwartungen und stellen Ansprüche. Versagensangst wird zum durchgängigen Verhaltensmuster, wenn alle ungewohnten, neuartigen Lernanforderungen als Überforderung empfunden werden und somit von vornherein Abwehr, sprich: Streß, auslösen.

### »Woher kenne ich das?«

Eine junge Frau erzählte in einem Seminar, daß sie sich regelmäßig und heftig über ihren Kollegen ärgert, der es mit der Pünktlichkeit nicht so genau nimmt. Auf die Frage: »Wann hat Sie das zum ersten Mal belastet?« blieb sie zuerst an Situationen mit ihrem Kollegen haften, doch schon bald

**Fragen Sie sich nach Ihren eigenen Streßauslösern. Welche Emotionen stecken dahinter? Fühlen Sie sich hoffnungslos überfordert im Job? Haben Sie kleine Kinder, und sind Sie erschöpft durch ein massives Schlafdefizit? Stecken Sie in einer schweren Beziehungskrise und haben Angst, verlassen zu werden? Haben Sie nervende Teenager zu Hause, die Sie und Ihre Bedürfnisse in höchstem Maße mißachten?**

erinnerte sie sich, daß sie schon früher genervt war, wenn man sie warten ließ. Ihr fielen zahlreiche Begebenheiten aus der Schulzeit und Ausbildung ein. Plötzlich wurde sie feuerrot im Gesicht und flüsterte: »Mein Vater. Der hat sich nie an Zeiten gehalten. Der kam, wann er wollte, und ging, wann es ihm paßte.« Auf die Frage nach ihrer damaligen Reaktion verfiel sie zunächst in Schweigen und äußerte schließlich: »Ich habe eigentlich nichts gesagt. Ich habe mich geärgert.« Auf den Hinweis, daß sie »eigentlich nichts« gesagt hat, kam die aufschlußreiche Antwort: »Doch, einmal habe ich reagiert. Da war ich vielleicht zwölf Jahre alt. Mein Vater hatte mir versprochen, mit mir ins Kino zu gehen. Als er schließlich kam, hatte der Film schon lange begonnen. Ich muß wohl ziemlich patzig gewesen sein, denn ich kann mich noch erinnern, wie er mich anherrschte: 'Wie redest du eigentlich mit mir?' Tja, seitdem halte ich den Mund.«

TIP

**Wenn Sie sich Ihre Streßauslöser genau anschauen, ist es vielleicht hilfreich, wenn Sie sich Notizen machen. Vielleicht schließen Sie auch lieber die Augen und lassen Erinnerungen hochkommen. Nehmen Sie sich Zeit für die Antwort auf vier Fragen: Wann hat mich das zum ersten Mal belastet? Wie war meine Reaktion damals? Wie denke ich heute? Sind diese Verhaltensmuster immer noch geeignet, Probleme zu meistern und Streß zu mindern?**

### Dem Streß mit Erfolg begegnen

Konnten Sie beim Nachdenken über Ihre Streßauslöser entdecken, welche Gefühle Sie lähmen oder verunsichern? Haben Sie die Tendenz, zu verallgemeinern (»Das habe ich noch nie gekonnt«, »Solchen Anforderungen bin ich nicht gewachsen«, »Das schaff' ich nie im Leben« ...)?
Die Neigung, an Gewohnheiten festzuhalten, trübt manchmal den Blick für das Ziel und für die Ausnahmen. Auch Sie haben vielleicht schon Erfahrungen gemacht, bei denen etwas, das Sie sich nie zugetraut hätten, wie von selbst ging. Sich selbst wahrnehmen heißt nicht, bloß seine Schattenseiten zu sehen. Werfen Sie auch einen Blick auf Ihre Erfolge. Erinnern Sie sich an Situationen, als Ihnen etwas wider Erwarten geglückt ist. Sammeln Sie alle unerwarteten Erfolge, alle Aufgaben, die Sie glänzend gemeistert haben. Notieren Sie sich diese Erfolge!
Wenn Sie fertig sind mit Ihrer Erfolgssammlung, lehnen Sie sich zurück, schließen Sie die Augen, und versuchen Sie, sich die Gefühle in Erinnerung zu rufen, die Sie damals hatten – und zwar alle! Aus dieser zuversichtlichen Grundhaltung heraus können Sie Probleme positiv deuten, sehen Ziele, Chancen und mögliche Erfolge.

# Der Umgang mit eigenen Gefühlen

Wenn Sie es verstehen, sich trotz starker Gefühle zu kontrollieren und sich nicht von ihnen beherrschen zu lassen, können Sie Ihr Leben mit Zuversicht meistern. Denn Sie haben gelernt, mit Ihren Gefühlen bewußt umzugehen.

# Gefühle im Griff behalten

**Vermutlich kennen Sie auch Menschen, die sich ständig aufregen und bei jeder Kleinigkeit aus der Haut fahren. Andere verhalten sich übertrieben ängstlich; und mancher Zeitgenosse hält seinen Wutanfall für ein reinigendes Gewitter. Doch Sie können lernen, sich selbst zu beruhigen, Angst, Schwermut und Gereiztheit abzuschütteln. Damit erholen Sie sich sehr viel rascher von den Rückschlägen und Aufregungen des Lebens.**

**»Jeder kann wütend werden, das ist leicht. Aber wütend auf den Richtigen zu sein, im richtigen Maß, zur richtigen Zeit, zum richtigen Zweck und auf die richtige Art – das ist nicht leicht.«**
**Aristoteles, 384-322 v.Chr., griechischer Philosoph**

## Ihre Gedanken entscheiden über Ihr Glück

Die Hirnforschung hat in den vergangenen Jahren entschlüsselt, welcher Prozeß im Körper in Gang kommt, wenn sich Gefühle Bahn brechen. An einem Beispiel läßt sich dies verdeutlichen:

- Etwas erregt unsere Aufmerksamkeit.

Während wir im Stadtverkehr überholen, betätigt ein Autofahrer hinter uns seine Lichthupe.

- Kaum haben unsere Sinnesorgane wahrgenommen, was geschieht, entstehen Gedanken über die Situation. Wir deuten und bewerten, was wir wahrnehmen. Blitzschnell geht uns durch den Kopf: »So ein Idiot. Mache ich etwas falsch? Bin ich zu langsam? Der will mich hier weghaben. Dem gehört wohl die ganze Straße.«
- Diese Gedanken lösen chemische Reaktionen im Gehirn aus. Es werden Hormone und Botenstoffe ausgeschüttet.
- Diese chemischen Stoffe rufen Gefühle hervor. Wir empfinden die Situation: Wir fühlen uns bedrängt und genötigt.
- Die aufgetretenen Gefühle rufen wieder Gedanken hervor, die zu weiteren Reaktionen führen. »So ein Drängler. Jetzt überhole ich. Na warte, Dir zeig' ich's!«
- Daraus entstehen weitere Empfindungen. Waren wir anfangs nur gereizt, spüren wir plötzlich Erregung, sind empört oder geraten in Wut. Wenn wir uns jetzt nicht stoppen, geraten unsere Gefühle außer Kontrolle: Rachegelüste machen sich breit. Aus Zeitungsmeldungen wissen wir, daß so eine Situation in Prügelei und Totschlag gipfeln kann.

Solche Kettenreaktionen im hormonellen Kreislauf spielen sich übrigens in Sekundenschnelle ab.
Nutzen wir diese Ergebnisse! Lernen wir, unsere Gedanken über eine Situation in den Griff zu bekommen, damit nicht unsere Gefühle den weiteren Verlauf einer Situation bestimmen! Es liegt an uns, ob wir im Überholbeispiel dem Gedanken »So ein Idiot« Raum geben und uns entsprechend schlecht fühlen, oder statt dessen denken: »Der hat es aber eilig«, was ganz andere Empfindungen in uns auslöst.
Es ist für viele Menschen neu und ungewohnt, auch für die eigenen Gedanken die Verantwortung zu übernehmen. Keiner kann uns zwingen, unangenehme Gedanken zu hegen. Da sagt jemand beispielsweise: »Immer wenn ich daran denke, könnte ich platzen« – und schon hält er damit seinen Ärger am Köcheln.
Genausogut könnte er sich aber entscheiden, an etwas anderes zu denken. Das Denken bestimmt die Beziehungen zu anderen Menschen, den beruflichen Erfolg und das Selbstvertrauen – kurz: unsere Gedanken entscheiden, ob wir glücklich oder unglücklich sind.

**»Vergiß nicht, Glück hängt nicht davon ab, wer Du bist oder was Du hast; es hängt nur davon ab, was Du denkst.«**
**Dale Carnegie, amerikanischer Autor**

## Nicht alle Wege führen zum Ziel

So verschieden die Menschen auch sind, und so unterschiedlich sich jeder sein Leben auch einrichten mag, letztlich haben alle doch dasselbe Ziel: sich wohl zu fühlen. Dabei geht jeder seinen eigenen Weg.
Manche arbeiten hart, verdienen viel Geld, mit dem sie sich das leisten können, was sie für ihr Wohlbefinden brauchen: ein schnelles Auto, ein großes Haus, eine aufregende Fernreise oder teure Sportarten. Andere bringen viel Leistung, weil es ihnen Anerkennung verschafft. Manche Menschen fühlen sich angenehm sicher, wenn sie konsequent alle Vorschriften, Regeln und Gesetze befolgen. Umgekehrt gibt es aber solche, die sich gerade dann wohl fühlen, wenn sie den Kitzel des Verbotenen spüren. Und mancher ergreift einen Beruf im Sozialbereich, um sich gebraucht zu fühlen oder sogar, um sich für andere aufzuopfern. Das kann ein ruhiges Gewissen verschaffen oder schlicht das Gefühl, Gutes und Sinnvolles zu tun. Vielleicht fühlen sich diese Menschen aber auch moralisch besser als andere.

## Ziele und verdeckte Ziele

Jeder von uns hat Ziele, die er benennen kann. Wir haben aber auch verdeckte Ziele, die wir erst erkennen, wenn wir unser Handeln einmal auf dem Prüfstand der Gefühle abwägen. Ist es nicht merkwürdig, daß manche Menschen ihre Ziele oft nicht erreichen? Ist es Zufall, Pech oder Schicksal? Oder hat es einen tieferen Sinn?
Sehen wir uns hierzu ein Beispiel an:
Ein Mann, Anfang Vierzig, beklagt sich darüber, daß er keine feste Beziehung hat. Er ist todunglücklich und zweifelt an sich, den Frauen und dem Sinn des Lebens. Seine Liebesbeziehungen enden pünktlich nach Ablauf eines Jahres. Im Laufe der Beratungsgespräche stellt sich heraus, daß es durchaus immer wieder Frauen gab, die gerne mit ihm zusammengeblieben wären. Aber er konnte sich nicht dazu durchringen, eine Familie zu gründen: Seine Vorstellungen von Ehe und Familie waren ein Szenario von Freiheitsbeschränkung, Abhängigkeit und Verantwortung. Er wollte sich seiner beruflichen Karriere widmen, Sport treiben und lange Reisen machen. Es war nur logisch, daß er immer, wenn es langsam ernst zu werden drohte, eine Grundsatzdiskussion vom Zaun brach. Er unterstellte jeder Frau, daß sie ihn »anbinden« wolle, konnte aber seine Ängste in bezug auf eine dauerhafte Partnerschaft nicht erkennen.
Sein eigentliches Ziel war also keine Beziehung, sondern der Erhalt seiner Freiheit.

**Tip**

**Vielleicht sind Sie neugierig, bei sich selbst zu ergründen, was Ihren Zielen bislang im Wege stand: Notieren Sie sich auf einem Zettel drei konkrete Ziele oder Wünsche, die Sie schon lange haben. Nun fragen Sie sich: Wer oder was müßte anders sein, damit ich mein Ziel erreiche oder sich mein Wunsch verwirklicht?**

## Anders leben

Noch krasser sind Beispiele aus der Arbeit mit Selbstmordgefährdeten. Einer der häufigsten Sätze, in dem nur Verzweiflung liegt, lautet: »Ich will so einfach nicht mehr leben«. Wird in diesem Satz das kleine Wort »so« betont, dann sieht man das dahinter liegende Ziel. Nicht der Wunsch, tot zu sein, sondern der Wunsch, anders zu leben, kommt zum Ausdruck. Eine Hoffnung?!
Wer gelernt hat, sich seiner Gefühle bewußt zu werden, kann entdecken, daß hinter den vordergründigen Zielen oft weitere versteckte Ziele liegen. So können Hoffnungslosigkeit, Verzweiflung und Trauer die Gefühle von Sehnsucht und Verlangen einfach überlagern.

## Nur wer wagt gewinnt

Ein Teilnehmer sprach im Rahmen eines Seminars über einen Wunsch:

»Ich möchte schon lange eine Gehaltserhöhung.«

Auf die Frage, was denn passieren muß, damit sein Wunsch in Erfüllung geht, antwortete er:

»Mein Chef müßte sie mir eben geben.«

»Einfach so von sich aus?«

»Das macht der doch nicht. Nein, ich müßte ihn schon ansprechen.«

»Und welche Voraussetzungen müssen erfüllt sein, damit Sie Ihren Gehaltswunsch vortragen?«

»Er müßte damit einverstanden sein.«

»Das heißt, Sie äußern Ihren Wunsch nur, wenn Sie von vornherein wissen, daß er in Erfüllung geht.«

»Stimmt. Sonst muß ich ja gar nicht hingehen.«

»Mit anderen Worten: Solange Sie ein Risiko sehen, mit Ihrem Gehaltswunsch auf Ablehnung zu stoßen, gehen Sie auf keinen Fall zu Ihrem Vorgesetzten.«

»Das ist doch klar. Wer hat schon Lust sich eine Abfuhr einzuhandeln?«

»Richtig. So ersparen Sie sich, womöglich mit einem schalen Gefühl aus dem Zimmer Ihres Chefs zu kommen. Ihr Sicherheitsbedürfnis beschützt Sie vor heiklen und unangenehmen Situationen.«

»Ich glaube, bei mir fällt gerade ein Groschen. Wenn ich das richtig verstehe, ist mein eigentliches Ziel, keine Bauchlandung zu riskieren. Verflixt, so bekomme ich ja nie eine Gehaltserhöhung! Darüber muß ich nachdenken.«

**Wenn Sie Ihre Ziele nicht erreichen, kann es sein, daß Sie Ihr Gefühlsleben vor unangenehmen Erfahrungen bewahren möchten.**

## Wenn ..., dann ...

Wenn Sie wissen, was Ihnen bislang im Wege stand, um Ihre Ziele zu erreichen, dann können Sie sehr viel über Ihre bestimmenden Gefühle erfahren und entdecken, welche unbewußten Ziele Sie verfolgen. Bei manchen Wünschen benötigen wir noch eine zusätzliche Frage, um an das Ziel hinter dem Ziel zu kommen: Wenn meine Voraussetzungen erfüllt sind, komme ich dann an mein Ziel?

Auch diese Frage läßt sich anhand eines Beispiels leichter nachvollziehen:

Im gleichen Seminar äußerte eine Teilnehmerin, daß sie viel dafür gäbe, besser Klavier zu spielen. Auf die erste Frage, was anders sein müßte, kam eine plausible Antwort:
»Ich müßte mehr Zeit zum Üben haben.«
»Stellen Sie sich vor, Ihnen steht unbegrenzt Zeit zur Verfügung. Was wäre anders?«
»Ich weiß nicht. Ich habe auch noch so viele andere Dinge zu tun. Aber dann könnte ich jeden Tag mindestens zwei Stunden üben.«
»Würden Sie damit Ihr Ziel erreichen?«
(Es entstand eine sehr lange Denkpause)
»Nein, wahrscheinlich nicht.«
»Mit anderen Worten: Auch wenn Sie täglich zwei Stunden üben könnten, kommen Sie Ihrem Ziel nicht näher.«
»Wahrscheinlich müßte ich zugeben, daß ich nicht begabt genug bin.«
»Eine schmerzliche Entdeckung. Ihre fehlende Zeit zum Üben hat Sie bisher vor dieser Enttäuschung bewahrt.«
»Irgendwie stimmt das. Aber dann kann ich mir meinen hochtrabenden Wunsch auch gleich abschminken und mir eingestehen, daß ich nur normal begabt bin.«
»Das kann Ihnen eine völlig neue Sichtweise geben.«
»Richtig. Vielleicht habe ich sogar wieder Spaß am Klavierspielen, wenn ich mich von meinen überzogenen Ansprüchen frei mache.«

TIP

**Sie können immer wieder überprüfen, wie weit Ihr Fühlen und Handeln in Einklang stehen. Stellen Sie sich zu einigen Alltagssituationen die Fragen, die ganz unten auf dieser Seite aufgeführt sind.**

### Stehen Handeln und Fühlen in Einklang?

Steht Ihr Handeln manchmal im Widerspruch zu Ihren Gefühlen, so daß Sie ein Ziel, das Sie sich gesetzt haben, nicht erreichen? Dann waren Sie womöglich nicht in der Lage, Ihre Gefühle richtig wahrzunehmen, oder Sie haben es nicht geschafft, sie zu kontrollieren. Mit folgenden Fragen an beliebige Alltagssituationen können Sie überprüfen, wieweit bei Ihnen Handeln und Fühlen in Einklang stehen.

- Was ist mein Ziel?
- Welches Ziel steckt dahinter?
- Welche Veränderungen will ich damit erreichen?
- Woran erkenne ich, daß ich mein Ziel erreicht habe?
- Wie fühle ich mich, solange ich mein Ziel nicht erreiche?
- Wie geht es mir, wenn ich mein Ziel erreicht habe?

# Optimismus macht stark

**Sie kennen vielleicht auch jemanden, von dem Sie sagen: »So ein Glückspilz!« Was unterscheidet diesen Menschen von anderen? Glauben Sie an Märchen? Glauben Sie, daß es Menschen gibt, die der Himmel einfach mit Klugheit, Reichtum, Charme und Schönheit überschüttet?**

## Selbstvertrauen stärken

Der Schlüssel zu einem glücklichen Lebensgefühl liegt in der Art und Weise, wie erfolgreiche Menschen das, was geschieht, wahrnehmen und wie sie damit umgehen. Jeden Tag können Sie Lebensgeschichten von erfolgreichen Künstlern, Sportlern, Politikern und Geschäftsleuten in der Zeitung lesen, die eine ganze Menge schmerzlicher Erfahrungen gemacht und es doch geschafft haben. Was ihnen allen gemeinsam ist: Sie haben nie ihr Selbstvertrauen und ihre Hoffnung verloren. Sie sind Menschen, deren Grundhaltung Optimismus heißt.

**Niemand kann Ihnen das Gefühl der Minderwertigkeit geben ohne Ihre Zustimmung.**

### »Ich bin ein Versager«

Es gibt auch Menschen, die alles andere als selbstsicher sind. Warum ist das so? Unsichere Menschen haben eine Überzeugung von sich und ihren Fähigkeiten, die lautet: »Ich kann weniger als die anderen.«
Mit anderen Worten, der Unsichere vergleicht sich, um sich abzuwerten. Dafür muß er sich nur mit Menschen vergleichen, die irgend etwas besser oder gar perfekt können – und schon schneidet er schlechter ab.
Als Konsequenz denkt er: »Ich bin ein Versager.« Er verallgemeinert sein schlechtes Abschneiden bei einem Vergleich mit folgenden »Mißerfolgsformeln«:

- Dafür habe ich kein Talent.
- Das kann ich nicht.
- Ich habe heute einen schlechten Tag.
- Warum sollte ich es versuchen, es klappt ja doch nicht.
- Ich konnte mich noch nie konzentrieren.
- Ich habe einfach kein Glück.

**Sie können lernen, optimistisch an Ihre Ziele heranzugehen.**

**Allein durch unsere Formulierungen lenken wir unsere Aufmerksamkeit entweder auf positive oder auf negative Vorstellungen. Mit jedem »nicht«, »kein« oder »ohne« erzeugen wir negative Gedanken. Und dieses Denken beschert uns Gefühle, die den Mißerfolg vorprogrammieren.**

Unsichere Menschen neigen dazu, ihre hohen Ziele sofort erreichen zu wollen. Der Mißerfolg ist damit vorprogrammiert. Je höher die Ansprüche sind, die wir an uns stellen, um so größer ist das Risiko, diesen nicht zu genügen. Das bleibt nicht ohne Folgen für das Selbstbild. Wiederholen sich Mißerfolge aufgrund überhöhter Ansprüche, kommt es schnell zu der Selbsteinschätzung: »Das schaffe ich sowieso nicht.« – »Ich kriege gar nichts hin.« oder »Ich bin eine Null.« Ist das negative Bild erst einmal gefestigt, ändern auch Erfolge meist wenig an diesem Selbstbild; diese werden dann leicht als Zufall abgetan: »Auch ein blindes Huhn findet mal ein Korn.« Oder der Erfolg wird besonderer Anstrengung zugeschrieben: »Bei dem Aufwand hättest Du das auch geschafft.« Oder die bestandene Aufgabe wird als zu einfach abgewertet: »Das kann doch jeder.«

Was Menschen über ihre Fähigkeiten denken, das wirkt sich nicht nur im Negativen, sondern auch im Positiven stark auf ihre Fähigkeiten aus. Optimisten führen eine Niederlage auf etwas zurück, das sich ändern läßt und glauben daran, daß sie beim nächsten Mal Erfolg haben können. Und sie machen die Erfahrung, daß sie nach ihren Erfolgen beurteilt werden. Ja, solange sie bereit sind, etwas zu probieren, werden ihre Mißerfolge, ganz gleich, wieviele es sind, vernachlässigt. Pessimisten hingegen sehen die Schuld am Mißerfolg bei sich selbst und bezweifeln, daß sie Erfolg beeinflussen können.

## Von Mißerfolgs- zu Erfolgsformeln

Die erwähnten »Mißerfolgsformeln« lassen sich in positive Aufforderungen umformulieren. Lesen Sie die Sätze der linken Spalte laut. Betonen Sie jede negative Äußerung so, daß Sie selbst glauben, was Sie sagen. Anschließend vergegenwärtigen Sie sich Ihre momentane Stimmung. Damit Sie Ihre Stimmung aufheitern, gehen Sie bei der rechten Spalte genauso vor: Sprechen Sie die positiven Formulierungen laut und mit überzeugter Stimme aus.

| **Mißerfolgsformel** | **Erfolgsformel** |
|---|---|
| »Dafür habe ich kein Talent.« | »Das bekomme ich in den Griff.« |
| »Das kann ich nicht.« | »Ich will es versuchen.« |
| »Ich habe heute einen schlechten Tag.« | »Ich werde diesen Tag nutzen.« |
| »Warum sollte ich es versuchen, es klappt ja doch nicht.« | »Ich bin bereit, es zu probieren. Ich strenge mich an.« |
| »Ich konnte mich noch nie konzentrieren.« | »Ich kann mich konzentrieren, wenn ich will. Und jetzt will ich.« |
| »Ich habe einfach kein Glück.« | »Jeder ist seines Glückes Schmied.« |

**Manche Menschen lassen sich schon durch die Möglichkeit eines eventuellen Mißerfolgs davon abhalten, etwas auszuprobieren. Sie scheitern, ehe sie überhaupt beginnen. Aus Angst, zu versagen, werden Herausforderungen gar nicht erst in Angriff genommen. Statt dessen werden Gründe gesucht, warum etwas gar nicht klappen kann.**

Nicht aufgeben! Mit den richtigen Erfolgs- und Motivationsregeln werden Sie Ihre Ziele leichter und schneller erreichen.

**Sowohl Mißerfolg als auch Erfolg sind nur eine Frage der Einstellung. Mit diesen drei Erfolgsregeln stellen Sie sich auf Erfolg ein.**

## Drei Erfolgsregeln

**1 Setzen Sie sich realistische Ziele.**
Sie werden auch ein hochgestecktes Endziel mit großer Wahrscheinlichkeit erreichen, wenn Sie sich realisierbare Zwischenziele setzen.

**2 Vergleichen Sie Ihre Leistungen: jetzt – früher.**
Daran erkennen Sie eigene Fortschritte. Wer sich nur mit Spitzenkönnern vergleicht, programmiert seine Gefühle auf Niederlage.

**3 Nehmen Sie Ihre Erfolge wahr!**
Auf die eigene Leistung stolz zu sein, gibt Schwung und läßt Sie zuversichtlich nach vorn schauen.

Vielleicht haben Sie einmal Bilder von der Behindertenolympiade gesehen. Menschen, die im Alltag, im Beruf, in Beziehungen so viele Nachteile erfahren und ständig zurückgesetzt werden, sind zu solch außerordentlichen Leistungen in der Lage! Ihre Alternative wäre, im Schmerz zu versinken, unselbständig zu leben und zu ertragen, nur von der Hilfe anderer abhängig zu sein.
Sie müssen ein extrem hohes Maß an Hoffnung in sich tragen! Die Kunst, auch in schwierigsten Lebenslagen noch positiv sehen und denken zu können, ist wohl unser stärkster innerer Motor. Dieses positive Denken läßt sich (übrigens genauso wie lähmende Hilflosigkeit und Hoffnungslosigkeit) erlernen. Das Wesentliche, was Sie dazu brauchen, ist Selbstvertrauen.

## Sich selbst motivieren

Wenn Sie innerlich motiviert sind, fällt es Ihnen leichter, Ihre Ziele zu erreichen – und somit Erfolg zu haben. Die uns oft antrainierte Bescheidenheit ist hierbei manchmal ein gewaltiger Hemmschuh. Warum sollen Sie sich aber mit dem Mittelmaß begnügen, wenn Sie auch eine außergewöhnliche Leistung erzielen können?
Sie kennen sicher den Unterschied zwischen »Arbeit verrichten«, weil sie eben gemacht werden muß, und der Freude oder sogar Beschwingtheit, wenn Sie Ihren ganzen Einsatz in eine Aufgabe stecken. Sie haben ein Ziel, sind überzeugt davon, daß es wichtig und richtig ist, dieses Ziel zu erreichen und merken gar nicht, daß Sie arbeiten. Es macht einfach Spaß! Dazu gehört ein großes Maß an Motivation!
Auch Geld, Lob und Anerkennung oder mehr Macht zu bekommen, kann motivieren. Aber die stärkste Motivation kommt von innen. Wenn Ihnen selbst klar ist, wozu Sie eine Sache in Angriff nehmen wollen, dann reicht das in der Regel auch aus, damit Sie es tun!
Um sich selbst zu motivieren, ist es wichtig, daß Sie Ihre momentanen Gefühle wahrnehmen und sich dann vorstellen, wie Sie sich fühlen wollen. Sie sind selbst dafür verantwortlich, wie Sie sich fühlen. Denn nur Sie selbst kennen sich so gut, daß Sie genau wissen, was Sie brauchen und was Sie sich wünschen.

TIP

**Denken Sie sich drei Bereiche, in denen Sie etwas tun müssen, worüber Sie nicht sehr begeistert sind. Und jetzt überlegen Sie: »Was kann mich bewegen, es dennoch zu tun – ja sogar tun zu wollen?« Motivieren Sie sich selbst, indem Sie sich das Ergebnis ausmalen – und sei es nur das, daß Sie in der Lage sind, Ihren inneren Faulpelz zu besiegen.**

**Der »Dreisprung« ist eine sehr lustvolle Methode, sich selbst in drei Schritten zu motivieren. Lassen Sie den tierischen Ernst beiseite, und seien Sie spielerisch, maßlos, fordernd, witzig.**

### Im »Dreisprung« zur mehr Motivation

**Phase 1: Ist-Zustand:**
Machen Sie eine Bilanz des derzeitigen Standes:
- Wie fühle ich mich im Moment? Was macht mich zufrieden oder unzufrieden?
- Wieviel Zeit und Energie habe ich gerade?
- Was ist die Aufgabe?
- Was muß ich tun?

**Phase 2: Wunsch-Zustand:**
Stellen Sie sich das ideale Ergebnis vor:
- Malen Sie sich in Bildern und Worten aus, was Ihr Traumergebnis wäre!
- Vergessen Sie alle Objektivität und zählen Sie all Ihre Begabungen und Fähigkeiten auf. Bescheidenheit ist im Moment nicht gefragt. Sie können also richtig mit Ihren Stärken protzen!
- Drücken Sie ganz energisch aus, was Sie haben wollen!

**Phase 3: Soll-Zustand:**
Definieren Sie das Ziel:
- Wie soll das Ergebnis realistischerweise aussehen?
- Was kann den Spaß an dieser Aufgabe fördern?
- Woran erkenne ich, daß ich mein Ziel erreicht habe?
- Wie sieht meine persönliche Erfolgsbilanz aus?

## Negative Gefühle loswerden

»Sei doch mal spontan!« Diese Aufforderung zur Spontaneität ist einfach widersinnig! Schlagartig geht jegliche Natürlichkeit und Unbefangenheit verloren, wenn das momentane Verhalten ins Bewußtsein dringt.
Sie können das überprüfen, indem Sie jemanden bitten, spontan aufzustehen und sich ganz entspannt hinzustellen. Wer dieser Aufforderung nachkommt, erhebt sich meist steif und bemüht sich vergeblich um eine lockere Haltung. Oder denken Sie an das gezwungene Lächeln, wenn man fürs Erinnerungsfoto Fröhlichkeit demonstrieren soll.
Das gleiche widerfährt Ihnen, wenn Sie sich bewußt werden, wie gut Sie gerade etwas machen. Prompt unterlaufen

dem Klavierspieler Patzer, dem Tennisas geht ein Ball ins Aus und beim Abtippen geraten plötzlich alle Buchstaben durcheinander, auch wenn Sie sonst schnell und fehlerfrei schreiben. Selbst der Schlaf will sich nicht einstellen, wenn Sie bewußt darauf achten, wie Sie einschlafen.

### Lampenfieber – na und?

Empfindungen verlieren also ihre Spontaneität, sobald Sie versuchen, sie absichtlich zu beeinflussen. Diesen Mechanismus können Sie positiv nutzen und als Trick anwenden: Wenn Sie zum Beispiel Ihr Lampenfieber am Anfang einer Rede bewußt zur Schau stellen, werden Sie wahrscheinlich ruhiger werden. Wenn Sie sich statt dessen bemühen, das Lampenfieber einfach wegzudrücken, verschlechtern Sie

TIP

**Versuchen Sie nicht, Ihr Lampenfieber zu verstecken. Die Gedanken kreisen dann erst recht um die Frage, ob die anderen es bemerken und wie Sie auf die Zuhörer wirken.**

**Überspielen Sie Ihr Lampenfieber bei einem Vortrag nicht, sondern gehen Sie offensiv auf diese Herausforderung zu.**

Ihren Zustand nur noch. Zu der Aufgeregtheit des Lampenfiebers kommt dann die Sorge: »Hoffentlich merkt keiner, daß ich unter den Achseln schwitze. Hört nicht jeder sofort an meiner Stimme, wie nervös ich bin? Was mache ich, wenn mir der Faden reißt? Wie schauen die mich alle an? Ich darf jetzt auf keinen Fall den Kopf verlieren. Ich glaube, ich schaff' das nicht.« Prompt verlieren Sie den roten Faden, fangen noch mehr an zu schwitzen, geraten ins Stottern und kommen völlig aus dem Konzept.

### Selbstgespräche gegen negative Gefühle

Sie schütteln jetzt sicher spontan den Kopf, wenn Sie lesen, daß wir solche Empfindungen, die doch gar nicht dem Willen unterliegen, sehr wohl kontrollieren können. Es ist ein völlig natürlicher Vorgang, bei Lampenfieber ins Schwitzen zu geraten. Das werden wir nicht verhindern können.
Sie können sich in einer derart widrigen Situation aber folgendes sagen: »Okay, ich bin aufgeregt und schwitze. Na, wenn schon, dann aber richtig. Wenn ich schon schwitze, dann soll es sich lohnen. Ich werde meinen Zuhörer richtig zum Staunen bringen. Am besten fange ich gleich mit dem Schwitzen an, das verkürzt die Anwärmzeit.«
Stopp! Haben Sie gerade beim Lesen mit dem Kopf geschüttelt? Wohl kaum, denn wir hatten es Ihnen ja ausdrücklich zugestanden, also ein spontanes Kopfschütteln verhindert. Dieses Selbstgespräch mag grotesk auf Sie wirken, weil Sie es wahrscheinlich nicht gewohnt sind, so merkwürdig zu sich selbst zu sprechen. Probieren Sie es trotzdem aus! Verstärken Sie Ihre negativen Gefühle absichtlich. Sie werden vom Ergebnis begeistert sein.
Eine Studentin, die vor einer Prüfung diese Selbstgespräche geführt hatte, war danach ganz überrascht, wie makellos trocken ihre Seidenbluse geblieben war trotz ihrer Angespanntheit und Nervosität.
Ein Gruppenleiter schrieb uns: »Mir war es immer peinlich, wenn ich stottern mußte, sobald ich aufgeregt war. Je mehr ich mich bemühte, nicht zu stottern, um so schlimmer wurde es. Wenn ich jetzt merke, daß ich ins Stocken gerate, dann bemühe ich mich, besonders stark zu stottern. Ich bin immer wieder erstaunt, wie flüssig ich plötzlich spreche.«

TIP

**Bringt es Sie durcheinander, wenn Sie häufig unterbrochen werden, während Sie etwas vortragen? Sie können das höflich und souverän ansprechen: »Es macht mich sehr nervös, wenn Sie mich immer wieder unterbrechen. Ich werde Ihre Fragen gerne im Anschluß beantworten.«**

**Pannenhilfe**

Bei einer Rede aus dem Konzept zu geraten ist peinlich. Schnell kreisen die Gedanken um all das, was schieflaufen kann – ein idealer Nährboden für Panik! Doch nun kommt unser Bewußtsein und führt ein Selbstgespräch: »Vielleicht läuft heute etwas schief. Ich bin gespannt, wie ich damit umgehen werde. Wahrscheinlich fluche ich innerlich. Ha, Fluchen ist nicht das Schlechteste. Ich werde laut schimpfen: 'So ein Mist'. Und dann werde ich ratlos ins Publikum schauen. Soll doch jeder sehen, daß ich gerade eine Panne habe. Entscheidend ist ja nur, wie ich damit umgehe. Und wenn jemand mitbekommt, daß ich aufgeregt bin, dann füge ich glatt noch hinzu: 'Ich bin jetzt völlig aufgeregt.' Ich bin neugierig, was dann passiert.«

Wer mit seinen Befürchtungen und Sorgen so gezielt umgeht, hat den Kopf frei für das, was wichtig und richtig ist: Gedanken zur Lösung des Problems.

**Wer die Perspektive wechselt, kann Abstand zu einem Gefühl gewinnen – und vielleicht dafür ein anderes wahrnehmen. Dieses neue Gefühl kann dann dazu führen, ganz anders als üblich zu handeln.**

## Mut zum Standortwechsel

Kennen Sie den Film »Der Club der toten Dichter«? In ihm läßt ein junger Lehrer seine Schüler hintereinander über das Klassenpult steigen: zuerst auf einen Stuhl, vom Stuhl auf das Pult und auf der anderen Seite wieder hinunter. Jeder Junge verweilt kurze Zeit auf dem Tisch. Er steht oben, ist nicht mehr in der Masse, sieht seinen Lehrer unten und hat dadurch eine völlig andere Perspektive. Der Lehrer erläutert diese praktische Übung mit den Worten: »Ihr müßt nur mal den Standort wechseln, dann sieht jedes Ding ganz anders aus.« Ein schönes Bild für ein Verhalten, das wir täglich üben können.

Wir haben viele Ausdrücke dafür, daß wir den Standort, die Perspektive ändern wollen:

- Eine Sache von hinten aufrollen.
- Sich über die Dinge stellen.
- Sich in etwas hineinversetzen.
- Etwas von einer anderen Warte sehen.
- Sich außerhalb stellen.
- Auf Distanz gehen.
- Um die Ecke denken.
- Hinter eine Sache schauen.

**Perspektivenwechsel wirkt erstaunlich aufmunternd. Was vorher völlig entmutigend erschien, sieht auf einmal gar nicht mehr so schlimm aus.**

### Vom Umgang mit Kritik

Wir werden uns immer wieder mit dem Urteil anderer Menschen auseinandersetzen müssen. Aber auch bei heftiger Kritik an unserer Person können wir die Perspektive wechseln. Wer dazu neigt, die Schuld bei sich zu suchen, sagt sich vielleicht: »Ich habe schon immer gesagt, daß ich von nichts eine Ahnung habe.« Selbstbewußte Menschen können die Kritik von einem anderen Standpunkt aus betrachten und entdecken in der Kritik vielleicht eher ein Problem des Kritikers: »Dem ist eine Laus über die Leber gelaufen. Wenn er sich beruhigt hat, spreche ich ihn noch einmal auf den Fall an.« Ein positives Selbstbild zieht selbstsicheres Verhalten nach sich. Mit dieser Ausstrahlung wirken Sie auch auf andere und ernten entsprechende Rückmeldungen.

### Niederlagen sind Chancen

Emotional intelligente Menschen kosten ihre Erfolge voll aus, weil sie wissen, wie bitter Mißerfolge schmecken. Nach einer Durststrecke ist das Triumphgefühl, das Ziel erreicht zu haben, um so köstlicher. Bei diesen Menschen fällt aber auch auf, wie offen sie sich und anderen Niederlagen eingestehen können. Sie verschmerzen ihre Fehlschläge, indem sie die Chance sehen, aus jedem Mißerfolg zu lernen. Wer seine Niederlagen so bewältigt, erlebt sich kraftvoller als zuvor. Ein Verkäufer erzählte in einem Seminar, wie erfolgreich dieses Umdenken für ihn war:

»Für einen Verkaufsabschluß benötige ich in der Regel zehn Kundenkontakte. Früher wollte ich unter allen Umständen jedes Verkaufsgespräch zum Abschluß bringen. Das war mein größter Fehler. Als ich endlich einsah, daß fast alle Verkäufer etwa zehn Kunden benötigen, um ein vernünftiges Geschäft abzuschließen, habe ich meine Denkweise verändert. Heute nehme ich jeden Mißerfolg gelassen hin, weil ich weiß, daß ich neun Niederlagen brauche, um einen Treffer zu landen. Was ich allerdings auch geändert habe: Ich habe die Anzahl meiner Kundenkontakte erhöht, so daß ich mittlerweile jeden Tag mindestens ein vorzeigbares Ergebnis erreiche. Solange meine Kollegen sich nach jeder Niederlage die Wunden lecken, haben sie weder Zeit noch Kraft, sich dem nächsten möglichen Geschäft zuzuwenden.«

Bevor Sie wieder in Streß geraten, denken Sie daran, welche positiven Seiten ein Stau für Sie haben kann.

## Streßbewältigung

Ein Standortwechsel kann uns auch von einer übermäßigen Last befreien, wenn wir plötzlich unter Druck geraten. Wenn wir zum Beispiel auf dem Weg zu einem wichtigen Termin in einen Stau kommen, liegt es nahe, nervös zu werden. Doch statt aufs Lenkrad zu trommeln, verzweifelt daran zu denken, welche wichtigen Termine jetzt zu platzen drohen, und das Inferno eines Weltuntergangs am Horizont heraufdämmern zu sehen, können wir die Möglichkeit eines Perspektivenwechsels nutzen, indem wir uns fragen:

- Welchen Nutzen bringt mir diese Situation?
- Welche bislang unentdeckten Chancen kann ich jetzt wahrnehmen?
- Was kann ich daraus lernen?

TIP

**Bereiten Sie sich bewußt auf mögliche Streßsituationen vor. Die Fahrt zu einem Verwandtenbesuch, der nicht mehr zu umgehen ist, können Sie mit einer Stadtbesichtigung oder mit dem Besuch einer Ausstellung verbinden. Ein geplantes Zwiegespräch fällt in einem schönen Restaurant bei einem guten Essen leichter: Streß, den Sie vorhersehen, läßt sich abbauen.**

Die meisten Menschen neigen in widrigen Situationen eher dazu, aus der Haut zu fahren, als dem Geschehen eine positive Wendung zu geben. Doch wer mit seinen Gefühlen umgehen kann, schafft es, in kritischen Situationen Abstand von seinen Befürchtungen zu nehmen und statt dessen zu entdecken, daß sich diese Zeit auch konstruktiv nutzen läßt. Beispielsweise können Sie einen Stau dazu nutzen, um

- sich auf den bevorstehenden Termin zu konzentrieren
- eine Entspannungsübung durchzuführen
- wichtige Argumente zu wiederholen oder über die Absichten Ihres Gesprächspartners nachzudenken
- festzustellen, daß die Zeitplanung zu knapp war und in Zukunft ein Stau berücksichtigt werden muß.

Während der gestreßte Zeitgenosse dann am Stauende versucht, durch überhöhte Geschwindigkeit und riskante Überholmanöver die fehlende Zeit wieder hereinzuholen, stoppt der emotional intelligente an der nächsten Telefonzelle, informiert seinen Gesprächspartner über die Verzögerung und prüft, ob der Termin verschoben werden kann.

**Viele Kranke ermutigen sich indem sie feststellen: »Im Vergleich zu meinem Bettnachbarn habe ich ja noch mal Glück gehabt.«**

## Es könnte noch schlimmer kommen

Mancher Perspektivenwechsel gelingt spielend, wenn die widrige Situation mit einer noch viel unangenehmeren verglichen wird. Der Autofahrer, der im Stau steht, könnte zu sich sagen: »Es ist angenehmer, hier im Trockenen zu sitzen und meine Lieblingskassette zu hören, als jetzt im Regen zu laufen.« Sie werden auch nicht mehr in Selbstmitleid versinken, wenn Sie auf Abstand gehen und nach Vorteilen suchen. Bei einer schmerzlichen Trennung beispielsweise können Sie sich eingestehen, wieviel Spannungen schon seit langem bestanden und nun ein für alle Mal gelöst sind. Nach dem Durchfallen in einer Prüfung können Sie sich auf die Chance konzentrieren, im zweiten Anlauf besser zu sein.

## »Mich packt die Wut«

Auch einem so heftigen Gefühl wie Zorn sind Sie keineswegs ausgeliefert. Wer seinem Aufbrausen nachgibt, treibt die Erregung nur noch in die Höhe. Wenn Sie sich jedoch klarmachen, daß Zorn eine uralte Reaktion auf Angriff und Gefahr ist, erkennen Sie, daß heutzutage in der Regel keine

Benennen Sie Ihre Gefühle, statt dem Zorn freien Lauf zu lassen. Dann wird Ihr Partner nicht mit gekränkter Abwehr reagieren.

Das können Sie bei vielen Streitgesprächen beobachten: Gewöhnlich verhalten sich Menschen immer gleich, wenn Emotionen sie aufwühlen. Je mehr Möglichkeiten wir kennen, auf ein Gefühl zu reagieren, desto reicher wird unser Verhaltensrepertoire.

**Versuchen Sie, mehrere positive Gesichtspunkte für folgende äußerst unangenehme Situationen zu formulieren. Nicht das Drama, sondern die Chancen sollen im Vordergrund stehen: Kündigung der Wohnung, letztes Flugzeug verpaßt, Totalschaden am Auto, Seitensprung des Partners, Beinbruch mit Bettruhe, einschneidende Veränderungen am Arbeitsplatz.**

körperliche Bedrohung mehr vorliegt, sondern meist ein Angriff auf Selbstachtung und Würde. Viele Menschen reagieren auf Mißachtung und Nicht-ernstgenommen-Werden mit Empörung und Wut. Sie können lernen, diesen Impulsen zu widerstehen.
Erinnern Sie sich an das Beispiel im vorangegangenen Kapitel, wie Anna auf Paul wartet? Hinter ihrem Ärger konnte sie ihre Kränkung, aber auch ihre Ohnmacht und Hilflosigkeit entdecken. Sie war unfähig, dieses Warten zu beenden oder anders zu gestalten. Sobald Anna sich ihre Gefühle jedoch eingesteht, eröffnen sich mehrere Möglichkeiten zu reagieren. Je nach Stimmung geht sie ins Kino und hinterläßt Paul eine Nachricht, wohin er nachkommen kann. Oder sie überlegt, womit sie die Zeit sinnvoll nutzen kann. Vielleicht veranlaßt diese Kränkung sie dazu, einmal grundsätzlich über ihre Beziehung zu Paul nachzudenken und sich zu fragen, wieviel ihr Paul bedeutet, wieviel Spielraum sie bei Paul tolerieren will und auch wieviel sie für sich selbst in Anspruch nehmen möchte.

## Das positive Erinnerungsbild

Sie können Ihre Gefühle nicht nur gezielt beeinflussen, Sie können Gefühle auch bewußt produzieren – sozusagen auf Wunsch. So, wie sich jeder erotische Szenen vorstellen und dadurch sexuelle Gefühle wecken kann, haben Sie auch die Möglichkeit, sich in kritischen Momenten an schöne Situationen zu erinnern und sich dadurch prompt in die entsprechende Stimmung zu versetzen. Der gezielte Umgang mit Ihren Gefühlen ist besonders hilfreich, wenn Sie unsicher sind, ob Sie etwas schaffen oder gar Angst haben, zu versagen. Es ist Ausdruck von emotionaler Intelligenz, wenn Sie sich (und vielleicht sogar anderen?) gerade in solchen Situationen Ihre Versagensängste eingestehen können.
In einem nächsten Schritt können Sie sich bewußt Situationen ins Gedächtnis rufen, in denen Sie stolz auf sich waren, sich stark fühlten und in denen Sie eine Herausforderung gemeistert haben. Noch während Sie sich dieses vorstellen, macht sich Zuversicht breit, und Sie entdecken, daß Sie über Energiereserven verfügen, die Ihnen Kraft geben, die vor Ihnen liegende Hürde zu überwinden.

Mit schönen Erinnerungen können Sie Ihre Stimmung positiv beeinflussen und Ihr Selbstbewußtsein stärken.

## Vier Schritte zu mehr Selbstbewußtsein

**Mit folgenden Kniffen können Sie sich für Herausforderungen und schwierige Situationen rüsten:**

**Schritt 1:** Erinnern Sie sich an eine Situation aus Ihrem Privatleben, aus dem Arbeitsalltag, aus dem Sport, die Sie sehr erfolgreich gemeistert haben.

**Schritt 2:** Schließen Sie die Augen, und holen Sie die Erinnerung als Bild in Ihr Gedächtnis – so genau, daß Sie wissen, wann das war, wo sich die Situation abspielte und wer anwesend war.

**Schritt 3:** Erinnern Sie sich an Ihre Worte: Was haben Sie in der Situation gesagt? Wie gut können Sie Ihre Stimme hören? Was haben Sie in dem Moment getan? Wie gut können Sie sich in dem Erinnerungsbild handeln sehen?

**Schritt 4:** Was haben Sie dabei gefühlt? Welches Gefühl war das beherrschende?

TIP

**Um sich schwierigen Herausforderungen zu stellen, brauchen Sie Mut und Energie. Stellen Sie sich deshalb vor, wie zufrieden Sie sein werden, wenn Sie diese kritische Situation gemeistert haben.**

Sobald Ihnen bei der nächsten Herausforderung dieses positive Erinnerungsbild einfällt, werden Sie eine angenehme Wirkung verspüren. Seminarteilnehmer erzählen uns immer wieder, daß dieses Vorgehen bei ihnen wie ein Schalter funktioniert. »Klick« – und sie erleben sich voller Schwung und Tatendrang.
Erfolgreiche Menschen nutzen diesen Gedankensprung, indem sie sich bei schwierigen Aufgaben vorstellen, wie sie sich fühlen, sobald sie ihr Ziel erreicht haben. Der eine überwindet so sein Lampenfieber und seine Aufregung vor einer wichtigen Prüfung. Ein anderer nimmt den Kampf mit einem gewaltigen Berg Arbeit auf, und ein dritter faßt sich ein Herz, um endlich einen lange schwelenden Konflikt anzusprechen.

**In anderen Kulturen dürfen die Menschen klagen; sie dürfen weinen und ihren Schmerz hinausschreien. Wir jedoch lernen schon als Kinder: »Ein richtiger Junge weint nicht«, »sei stark!«, »wie's innendrin aussieht, geht keinen etwas an«.**

### »Tränen reinigen die Seele«

Manchmal jedoch übersteigt ein Standortwechsel einfach unsere Kraft; das »Prinzip Hoffnung« versagt. Einige weinen um einen geliebten Menschen oder erleben eine Phase, die in anderer Weise durch Abschied, Trauer oder Tod gekennzeichnet ist. Manchmal meinen wir, diesen Schmerz nicht aushalten zu können; wir glauben, er macht uns verrückt! Und häufig versuchen Trauernde den Schmerz zu verbergen, durch besondere Umtriebigkeit in die letzte Ecke ihrer Seele abzudrängen oder ihn zu verleugnen. Sie meinen, sie müßten wie gewohnt »funktionieren«.
Dieser respektlose Umgang mit einem so intensiven Gefühl rächt sich oft bitter. Der Preis heißt Krankheit oder Depression. Trauer läßt sich weder in der Intensität noch in der Dauer regulieren. Aber wir können lernen, damit umzugehen. Wir können zunächst im Schmerz versinken und dann wieder auftauchen. Es gibt verschiedene Phasen in einem Trauerprozeß: maßlose Verzweiflung und Ohnmachtsgefühle, Wut – vielleicht sogar Rachegelüste –, und schließlich nehmen wir den Verlust an und integrieren ihn in unser Leben. Nehmen Sie sich den angemessenen Raum und die nötige Zeit dazu. Die Intensität des Schmerzes ist auch ein Ausdruck für Ihre Gefühlsstärke! Wenn Sie Ihren eigenen Schmerz nicht ernst nehmen, wie sollen Sie dann in der Lage sein, sich in andere einzufühlen?

# Mehr Mut zum Bekenntnis

**In unserer Sprache haben sich Gewohnheiten eingeschlichen, die dazu führen, daß es anderen Menschen manchmal nahezu unmöglich ist, zu erfahren, wie wir uns fühlen oder was wir uns wünschen. Doch Sprechgewohnheiten lassen sich ändern, und es tut gut, häufiger »ich« statt immer nur »man« oder »es« zu sagen.**

## Reden Sie Klartext

In vielen Situationen werden wir für unser Umfeld deutlicher und faßbarer, wenn wir

- unser Gefühl ausdrücken
- unser Ziel oder unseren Wunsch formulieren
- in Ich-Aussagen sprechen.

Nehmen Sie folgendes Beispiel:
Sie sitzen mit Kollegen schon seit über einer Stunde in einer wichtigen Besprechung. Sie alle sind hochkonzentriert und ganz bei der Sache. Da sehen Sie, daß ein Kollege ein Gähnen unterdrückt und sagt:
»Man sollte mal eine Pause machen.«
Wenn Sie selbst unbedingt noch etwas äußern wollen, wie groß ist dann Ihre Bereitschaft, jetzt gleich eine Sitzungspause einzulegen? Einen Wunsch, der so allgemein formuliert wird, werden Sie in dieser Situation wohl kaum berücksichtigen wollen.
Wäre es dem Kollegen aber möglich, seine Gefühle wahrzunehmen und für sich zu sprechen, hätte er diesen Wunsch anders formuliert:
»Ich werde zusehends unkonzentriert und müde, ich brauche eine Pause.« Oder:
»Ich merke gerade, daß ich nicht mehr voll bei der Sache bin. Wenn wir eine kurze Pause einlegen, geht's mir wieder besser.«
Wer seine Absichten und Wünsche klar formuliert, übernimmt auch die Verantwortung für seine Ziele. Das fällt leicht, wenn wir uns unserer Sache sicher sind.

**TIP**

**Damit Sie das Wort »man« nicht zu häufig verwenden, sprechen Sie genau von der Person oder Gruppe, die Sie meinen. Das können Sie selbst sein, also »ich«, oder Ihr Gegenüber, also »Du« oder »Sie«. Vielleicht sind es auch die Nachbarn, die Autofahrer oder eine andere Personengruppe. Bemühen Sie sich um einen klaren Ausdruck.**

### »Man«, »wir« und »es«

Viele Menschen überspielen diese Unsicherheit und verstecken ihre Wünsche hinter allgemeinen Formulierungen. Das kann durch »man« oder »wir« geschehen; noch allgemeiner ist das Wörtchen »es«:

- Man könnte mal eine Pause machen.
- Wir können mal wieder eine Pause einlegen.
- Es ist mal wieder eine Pause angesagt.

Sehen wir uns an, wie Paul seinen Ärger über Annas Geldverschwendung risikolos und ohne persönliche Stellungnahme anspricht:

**In jeder Mitteilung verbergen sich emotionale Botschaften. Werden sie nicht wahrgenommen und respektiert, können Mißverständnisse, Spannungen und Konflikte entstehen.**

Paul: »Wir haben nicht genug Geld, um alles zu kaufen, was hier anscheinend gebraucht wird.« (Ich bin verzweifelt darüber, daß wir schon wieder in den roten Zahlen sind.)
Anna: (Jetzt kommt er mir wieder damit!) »Das stimmt. Ist es nicht entsetzlich, wie teuer alles geworden ist? (Mach' nur nicht mich verantwortlich, mein Lieber!) Was meinst Du denn, wo wir sparen könnten?« (Sag' doch, was ich tun soll, Du Neunmalkluger!)
Paul: »Es wird auf jeden Fall zuviel für Kleidung ausgegeben.« (Du weißt ganz genau, daß ich mir schon seit Jahren nichts mehr zum Anziehen gekauft habe.)

Solange sich beide scheuen, über ihre Beziehung zu sprechen, werden die Geldprobleme allenfalls vorübergehend gelöst. Spätestens im übernächsten Kapitel wird auch Paul gelernt haben, für seine Ziele einzutreten.
Um aber bereits an dieser Stelle eine positive Lösung vorzustellen, besuchen wir noch einmal den Kollegen in der Besprechung. Wenn er unsicher ist, wie die anderen auf seinen Wunsch reagieren, sollte er dies ungeschminkt sagen: »Ich bin müde und brauche eine Pause. Ich bin mir aber nicht sicher, wie es Euch gerade geht.«
Wer sich jetzt immer noch über den Wunsch des Kollegen hinwegsetzt, zeigt eine gehörige Portion Dickfelligkeit.
Das heißt nicht, daß jetzt alle eine Pause einlegen müssen. Vielleicht einigen sich die Teilnehmer auf eine bestimmte Uhrzeit; oder sie schlagen dem Kollegen vor, alleine eine Pause einzulegen.

TIP

**Werden Sie immer wieder von einer bestimmten Person angegriffen und verletzt? Wenn Sie Ihre negativen Gefühle ansprechen und sagen, wie Ihnen zumute ist, kann der andere über sein Verhalten nachdenken und es ändern.**

## Der Umgang mit Kränkungen

Es gibt noch eine Reihe anderer Gefühle, die wir in der Regel lieber für uns behalten. Warum haben wir eigentlich so selten den Mut, auszusprechen, wenn wir uns gekränkt, vernachlässigt, schlecht behandelt oder zu Unrecht kritisiert fühlen? Man zeigt nicht gerne, wo man verletzbar ist. Aber wer seine Gefühle verbirgt, verhindert, daß andere sie erkennen können. Womöglich trampeln sie darauf herum, ohne es zu ahnen.
Sie erinnern sich noch an Anna und Paul im vorangegangenen Kapitel. Anna war empört, daß Paul sie so lange warten ließ. Anstatt ihre wahren Gefühle auszusprechen, greift sie Paul an: »Warum kommst Du jetzt erst? Du bist ein total rücksichtsloser Typ!«

### »Verlierer-Verlierer-Strategie«

Dem anderen etwas mit gleicher Münze zurückzuzahlen, den gleichen verletzenden Ton zu wählen oder ihn anzugreifen und zu kritisieren, bringt aber nur sehr kurzfristig ein wenig Entlastung. Das Gefühl der Kränkung hat sich dadurch nicht verändert; im Gegenteil: Es gärt ja im Innersten noch weiter, wird versteckt und geheimgehalten. Es gibt auch noch die Möglichkeit, für verletzte Gefühle

»Rabattmarken zu kleben«. Sie erinnern sich vielleicht, daß man früher beim Einkaufen Märkchen erhielt, die man in ein Heft einkleben konnte. Irgendwann löste man dann alle Rabattmarkenhefte auf einmal ein.
Im übertragenen Sinne können wir uns ähnlich verhalten, wenn wir das »Fehl«verhalten anderer immer wieder stillschweigend einstecken. Manche Menschen erweisen sich als geübte Sammler – bis das Maß voll ist. Wir können uns vorstellen, daß Paul eines Tages völlig unerwartet von Anna die Rechnung präsentiert bekommt; das geschieht dann, wenn er am allerwenigsten damit rechnet! Irgendwann rächt sich jeder Verlierer. Damit vergibt Anna aber eine Gelegenheit, mehr Klarheit in ihre Beziehung zu Paul zu bringen.
Die Reaktionen »Angriff« oder »Rache« führen dazu, daß sich beide schlecht fühlen. Es entsteht eine »Verlierer-Verlierer-Situation«. Wenn wir uns ernst nehmen und weder Verlierer noch Rächer sein wollen, kann das nur eine Konsequenz haben: Wir müssen das, was uns stört oder verletzt, ansprechen.

**Wer sich nicht traut auszusprechen, was ihn stört, gibt dem anderen keine Chance, sich zu ändern. Und er gibt sich keine Chance, seinem Ärger ein Ende zu machen.**

### Ich-Aussagen statt Du-Botschaften

Wenn Sie jemand so behandelt, daß Sie sich unwohl fühlen, haben Sie zwei Möglichkeiten zu reagieren: Entweder Sie teilen ihm mit, was in Ihnen vorgeht, oder Sie teilen ihm mit, wie Sie über ihn denken, was Sie von ihm halten, was er tun sollte.
Bei der ersten Form handelt es sich um Ich-Aussagen, bei der zweiten Form um Du-Botschaften.
Wenn Sie Ich-Aussagen verwenden, bringen Sie den anderen dazu, sich mit Ihnen auseinanderzusetzen. Gleichzeitig stellen Sie ihm frei, wie er darauf reagieren will. Sie geben ihm sozusagen nur die Möglichkeit, zu erkennen, was sein Verhalten in Ihnen bewirkt.
Nehmen wir noch einmal Anna: »Ich bin in den letzten Minuten immer ärgerlicher geworden, weil ich mir blöd vorkomme, wenn ich so lange warten muß. Außerdem hatte ich schon befürchtet, Dir sei etwas zugestoßen.«
Jetzt teilt Anna mit, wie sie sich fühlt. Paul erfährt auf diese Weise: Durch meine Unpünktlichkeit ist Anna ärgerlich geworden; zudem hat sie sich Sorgen gemacht, daß mir

etwas zugestoßen sein könnte. Paul muß sich in dieser Situation nicht rechtfertigen oder verteidigen. Außerdem wird er jetzt in einer ähnlichen Situation wissen, wie Anna möglicherweise reagiert.

**Versteckte Du-Botschaften**

Nun ist es allerdings nicht immer so, daß jede Ich-Aussage mit Ich anfängt, und umgekehrt beginnt auch nicht jede Du-Botschaft mit einem Du.
Nehmen wir als Beispiel den Satz:»Du tust mir weh.« Obgleich diese Aussage mit einem Du anfängt, sich auch direkt an den anderen wendet, ist dies eine Ich-Aussage. Warum? Hier teile ich mit, wie ich mich fühle, was ich empfinde, wenn sich jemand auf diese oder jene Weise verhält. Dagegen ist der Satz:»Du bist gemein« ganz eindeutig eine Du-Botschaft. Sie sagen dem anderen damit nur, wie Sie ihn einschätzen, geben ihm dabei aber keinerlei Auskunft über Ihre Gefühle.
»Ich finde Dich brutal«, dieses Beispiel stellt eine »verkappte Du-Botschaft« dar. Sie fängt zwar mit »Ich finde ...« an, wertet den anderen aber ganz entschieden ab.
Was Sie fühlen, wie Sie empfinden, was der andere in Ihnen ausgelöst hat, all das teilen Sie in dieser Aussage nicht mit. Sie sagen ihm nur, wie sein Verhalten in Ihren Augen ankommt. In Du-Botschaften schwingt oft Kritik mit. Wir bewerten das Verhalten eines anderen. Der Angesprochene gerät dann leicht in eine Abwehrhaltung.
Wenn Sie die Kritik eines anderen verletzt, können Sie das durchaus mitteilen. Dazu müssen Sie den anderen nicht mit einer Du-Botschaft in gleicher Weise kritisieren: »Ich finde Ihre Kritik verletzend.« Prompt kommt die Antwort: »Wieso? Man wird ja wohl noch sagen dürfen, wenn etwas nicht stimmt. Reagieren Sie doch nicht immer gleich wie eine Mimose!« (oder so ähnlich).
Ganz anders kann die Reaktion ausfallen, wenn Sie Ihre Aussage nur ein wenig anders formulieren: »Ich fühle mich durch Ihre Kritik persönlich verletzt«. Mögliche Antwort: »Oh, das wollte ich nicht. Ich wollte ansprechen, daß ...«. Die Erkenntnis, einen anderen tief getroffen zu haben, läßt fast niemanden kalt. Es lag ja meist auch nicht in der Ab-

**Ob Sie eine Ich-Aussage oder Du-Botschaft machen, hängt nicht davon ab, ob Sie die Wörter »ich» oder »du« benutzen, sondern ob Sie von sich oder über den anderen sprechen.**

sicht des anderen, Sie zu kränken. Wenn Sie Ihr Gefühl also beim Namen nennen, sich selbst ernst nehmen, haben Sie die größten Chancen, eine Klärung einzuleiten. Ist es einmal ausgesprochen, schwelt es nicht mehr im Untergrund. Und Sie haben, wenn Sie von Ihren Gefühlen sprechen, auch den Vorteil, daß Ihnen niemand Ihre Emotionen absprechen kann. Sie sind einfach so, wie sie sind!

### Ich-Aussagen helfen selbst bei Gefühlstrampeln

Zu diesem Buch wurde uns einmal die witzige, aber ernstgemeinte Frage gestellt: »Was mache ich denn, wenn ich mit jemandem umgehen muß, dessen emotionale Intelligenz gegen Null geht? Kündigung, Mord und Auswanderung sind ausgeschlossen ...«.

**Ihre Gefühle stehen nicht zur Diskussion. Wenn Sie sagen »Ich fühle mich angegriffen«, dann kann Ihnen niemand dieses Gefühl absprechen oder verbieten. Er kann Ihnen höchstens versichern, daß er Sie nicht angreifen wollte.**

Es gibt natürlich Menschen, die man, knapp ausgedrückt, nur als Gefühlstrampel bezeichnen kann, mit denen wir aber trotzdem umgehen müssen. Viele meinen, wenn sie mit soviel Härte und Gefühlskälte konfrontiert werden, auf keinen Fall Gefühle zeigen zu dürfen. Auch in diesen Situationen hilft es, ganz konkrete »Ich-Aussagen« auszusenden, denn damit halten Sie dem anderen seine gefühlsarme Verhaltensweise wie einen Spiegel direkt vors Gesicht. Auch dazu können wir wieder ein Beispiel einer Seminarteilnehmerin beisteuern. Sie erzählte uns, wie und mit welchem Ergebnis sie eine Arbeitssituation gemeistert hatte, in der sie das Verhalten ihres Chefs als sehr verletzend und belastend empfand. Er hatte sie nicht zum ersten Mal in sehr forschem Ton zu sich gerufen und kritisiert. Sie faßte sich ein Herz und antwortete ihm: »Ihr Ton verletzt mich.« Seine heftige und für ihn charakteristische Reaktion war: »Das steht hier überhaupt nicht zur Debatte; es geht schließlich um die Sache und nicht um Ihre Gefühle.« Die junge Frau antwortete ihm in aller Ruhe: »Das ist in Ordnung. Es reicht mir, wenn Sie wissen, wo mein wunder Punkt ist.« Auf die Frage, ob sich ihr Chef daraufhin geändert habe, antwortete sie: »Nein, überhaupt nicht. Nur mit mir geht er mittlerweile anders um.« Auch Kollegen können sich untereinander konkret sagen, was sie verletzt hat und wie sie das Verhalten des anderen empfinden. Das verbessert das Klima und macht die Zusammenarbeit konstruktiver.

## Ich-Aussage oder Du-Botschaft?

**Sie können testen, wie sicher Sie folgende zehn Beispielsätze als Ich-Aussage, Du-Botschaft oder versteckte Du-Botschaft zuordnen können.**

1. Ich bin erleichtert, daß wir noch zwei Wochen Zeit haben.
2. Ich finde, daß Du in letzter Zeit wenig hilfsbereit warst.
3. Ich denke, daß Du Dich zu schnell aufregst.
4. Du solltest weniger reden.
5. Manchmal fühle ich mich an die Wand gedrängt.
6. Ich habe das Gefühl, daß Du ganz schön egoistisch bist.
7. Du bist ein ziemlicher Besserwisser.
8. Ich bin mir unsicher, ob ich das glauben kann.
9. Meines Wissens können Sie das kaum beurteilen.
10. Typisch, wenn Du nicht mehr weiter weißt, weinst Du.

**Auflösung**

1. Ich-Aussage
2. Versteckte Du-Botschaft
3. Versteckte Du-Botschaft
4. Du-Botschaft
5. Ich-Aussage
6. Versteckte Du-Botschaft
7. Du-Botschaft
8. Ich-Aussage
9. Du-Botschaft
10. Du-Botschaft

TIP

**Wer bei einer Auseinandersetzung als »Verlierer« auf der Strecke bleibt, wird versuchen, sich zu rächen. Dies können Sie verhindern, wenn das Ergebnis für beide Seiten einen Nutzen aufweist.**

### »Gewinner-Gewinner-Strategie«

Der amerikanische Pädagoge Thomas Gordon prägte den Begriff Gewinner-Gewinner-Strategie. Er geht davon aus, daß Konflikte so gelöst werden können, daß beide sich als Gewinner fühlen. Wenn eine kritische Situation so bereinigt wurde, daß keiner mit eingezogenem Kopf ein Schlachtfeld verläßt, haben am Ende alle Beteiligten einen Nutzen davon. Die Kampfstätte muß nicht im beruflichen Bereich liegen; auch eine Partnerschaft oder die Familie eignen sich hervorragend für alltägliche kleine Schlachten. Hier gilt genau dasselbe: Wenn wir unserem Gegenüber unsere Gefühle in einer Ich-Aussage mitteilen, anstatt anzugreifen oder Rabattmarken zu sammeln, ist die Chance einer Verständigung erheblich größer. Beide können dabei etwas gewinnen – und seien es nur Einsichten! In der Regel wird es aber mehr

sein: Jeder hat das Gefühl, daß er selbst und seine Interessen respektiert wurden.
Eine gemeinsame Lösung verhindert eine Verhärtung der Fronten und beugt Verkrampfungen im Umgang miteinander vor. Keiner hat es mehr nötig, verbissen um jeden Preis siegen zu wollen. Solche positiven Erfahrungen werden dann für den nächsten Konflikt gespeichert. Die Bereitschaft nachzugeben, ist erheblich größer, wenn man nicht immer kämpfen muß, sondern sich mit dem anderen auseinandersetzen kann.

TIP

**Kennen Sie Situationen, in denen es Ihnen immer wieder schwerfällt, »Nein« zu sagen? Überlegen Sie, was Sie davon haben zuzustimmen, obwohl Sie »eigentlich« gar nicht wollen. Und machen Sie sich auch darüber Gedanken, welche Konsequenzen es auf Ihre Stimmung und Ihre Leistung hat, wenn Sie sich zuviel zumuten.**

## Grenzen setzen

Jetzt wissen Sie also: Emotional intelligente Menschen sprechen ihre Gefühle offen aus, wissen mit Kritik umzugehen und stehen zu ihren Mißerfolgen, motivieren sich, halten durch und sehen optimistisch in die Zukunft. Eigentlich müßten Sie jetzt völlig erschöpft zurücksinken und tief durchatmen. Tun Sie's! Jetzt kommt der entlastende Teil. Setzen Sie eine Grenze, und sagen Sie »Nein«.

### »Nein« sagen

Im vorigen Kapitel ging es darum, Gefühle wahrzunehmen und zu benennen. Hier geht es um den Umgang mit unseren Emotionen. Dazu gehören auch Überforderung, Anstrengung, Nervosität und sonstige Empfindungen, die Sie an den Rand Ihrer Kräfte bringen können.
Der Zufall will es, daß vielleicht gerade in solch einer Situation eine freundliche Bitte an Ihr Ohr dringt, ob dies oder jenes nicht noch »ganz schnell« erledigt werden kann. Der Eindruck, daß Sie zur Lösung eines Problems ganz furchtbar wichtig sind, schmeichelt Ihnen natürlich. Und Sie sagen »Ja«, obwohl Sie »Nein« meinen. Natürlich hört niemand gern vom anderen ein »Nein«. Aber muß die ganze Welt Sie lieben? Wie wirkt es auf Sie, wenn Sie zwar »Ja« hören, aber die ganze Haltung Ihres Gesprächspartners »Nein« ausdrückt? Dieser so offensichtlich zur Schau gestellte Streß erzeugt in Ihnen wahrscheinlich Schuldgefühle. Soll er das vielleicht auch? Wieviel Aggression steckt hinter einer aufopfernden Haltung! Wäre es da nicht für alle Beteiligten besser, gleich ein ehrliches »Nein« zu äußern?

In vielen sozialen und medizinischen Berufen fällt es schwer, Überstunden und Nachtschichten abzulehnen.

**Konflikte gibt es immer und überall. Sie sind da, um ausgetragen zu werden. In einer Beziehung, ganz gleich ob zum Partner oder zu seinem Chef, keinerlei Konflikte zu haben, bedeutet Alarmstufe rot!**

»Nein« sagen bedeutet mehr, als irgend etwas nicht zu tun oder abzulehnen:

- Sie vertrauen Ihrem eigenen Urteilsvermögen, wenn Sie »Nein« sagen können.
- Sie erhöhen Ihr Selbstbewußtsein, wenn Sie Entscheidungen für sich treffen.
- Sie machen sich Ihren Weg frei, und sagen «Ja« zum Erfolg, wenn Sie zu den Dingen, die Sie behindern, »Nein« sagen.

Dies ist die größte Vorsorge, die Sie für Ihr seelisches und

leibliches Wohl treffen können. Niemandem ist mit einem »Ja« gedient, wenn Sie völlig erschöpft, mit den Nerven am Ende und stimmungsmäßig auf dem Nullpunkt sind!
Mütter und Ehefrauen, erfolgreiche Geschäftsleute und Manager sowie Berufstätige im Sozialwesen sind die am meisten gefährdeten Gruppen. Sie müssen manchmal regelrecht darauf gestoßen werden, daß die Welt nicht untergeht, wenn sie mal nicht funktionieren. Häufig halten sie sich für unersetzlich. Setzen Sie Grenzen, bevor Sie unfreiwillig an die eigenen Grenzen stoßen.

**»Nur an Grenzen ist Kontakt möglich.« Fritz Pearls, amerikanischer Gestalttherapeut**

Grenzen setzen schafft zwar Distanz, aber erst aus der Distanz heraus kann man auch wieder auf jemanden zugehen. Auch eine Liebesbeziehung lebt davon, daß jeder die Grenzen des anderen kennt und respektiert. Der Reiz liegt im Wechselspiel aus Nähe und Distanz.
Die Grenzen, die wir setzen, schaffen unsere Konturen, unser Profil. Menschen die keine Grenzen ziehen (und diejenigen von anderen nicht respektieren!), empfindet man als distanzlos, profillos, als ewige Ja-Sager. Diese Menschen vermeiden zwar Konflikte, sind aber oft auch keine besonders interessanten Persönlichkeiten.

# Die Gefühle der anderen besser verstehen

Hinter dem Verhalten eines Menschen entdecken Sie auch seine Stimmungen und gehen einfühlsam darauf ein.
Deshalb fühlen sich Menschen in Ihrer Gegenwart wohl.

# Sich einfühlen können

**Hinter dem Wort »Kommunikationsfähigkeit«, das heute in fast jeder Stellenanzeige steht, steckt mehr als nur die Gabe, sich gut verständlich machen zu können. Mit diesem vielbenutzten Schlagwort ist auch gemeint, den anderen gut zu verstehen und in angemessener Weise auf ihn eingehen zu können.**

## Verständnis und Verständigung

Sie kennen vielleicht den Satz: »Heimat ist dort, wo wir uns verstanden fühlen.» Oberflächlich betrachtet ist damit das Verstehen der Muttersprache gemeint. Doch bedeutet »sich verstanden fühlen« weit mehr: Es beinhaltet, Verständnis zu finden, Anteilnahme an den eigenen Gedanken und Empfindungen zu spüren, ernstgenommen zu werden. Auch Sie fühlen sich zu Menschen hingezogen, die mit Ihnen empfinden und eine Atmosphäre schaffen, in der Sie sich »zu Hause« fühlen. Ihre emotionale Intelligenz macht es Ihnen möglich, gute, gleichberechtigte Beziehungen zu anderen aufzubauen.

**»Wie man in den Wald hineinruft, so schallt es heraus.« Dieses Sprichwort enthält eine wichtige Erkenntnis: Jeder gestaltet seine Beziehungen selbst. Die Reaktionen der anderen auf unser Verhalten entsprechen einem Echo.**

### Was heißt »sich gut verstehen«?

Jeder von uns bezeichnet Kontakte zu Menschen, von denen wir uns verstanden fühlen, gleichgültig ob im Privatleben oder im Beruf, als gute Beziehungen.
Doch wie zeigen Sie, daß Sie den anderen verstehen?
Sie respektieren ihn, Sie lassen ihn gelten, und Sie schätzen und achten ihn als Person (auch wenn sein Verhalten auf Sie fremd wirkt). Und Sie sind tolerant gegenüber seinen Eigenheiten und Ansichten. Toleranz heißt dabei nicht, daß Sie alles gutheißen, was andere denken, sagen oder tun; vor allem dann nicht, wenn es Ihrem eigenen Gerechtigkeitsempfinden, Gewohnheiten oder Moralvorstellungen total widerstrebt. Tolerant zu sein, bedeutet in erster Linie, dem anderen mit Interesse, unvoreingenommen, ehrlich, vertrauensvoll und offen zu begegnen und zu erkennen und zu akzeptieren, daß der andere anders ist.

## Verständnis und Unverständnis

**Verständnis wird Ihnen vermittelt, wenn**

- der andere Ihnen zuhört und Sie ausreden läßt,
- der andere Sie dabei anschaut,
- der andere Sie auch in Ruhe lassen kann,
- der andere Ihnen zugesteht, daß Ihnen die Worte fehlen,
- der andere Ihnen zubilligt, über unausgereifte Ideen zu sprechen.

**Unverstanden fühlen Sie sich, wenn**

- der andere Ihnen ins Wort fällt,
- der andere sich gleichzeitig mit etwas anderem beschäftigt,
- der andere dauernd von sich redet,
- der andere Ihnen ungebetene Ratschläge erteilt,
- Sie sich rechtfertigen müssen,
- Sie sich nicht ernstgenommen fühlen.

### Empathie – was ist das?

Das deutsche Wort für Empathie lautet: Einfühlungsvermögen. Der Duden definiert Empathie mit: »Die Bereitschaft und Fähigkeit, sich in die Einstellung anderer Menschen einzufühlen.« Andere definieren es als Fähigkeit, sich in die Perspektive eines anderen uns selbst gegenüber hineinversetzen zu können. Ist Empathie nun aber eine Fähigkeit des Fühlens oder des Denkens? Wir sagen sowohl »sich in jemanden einfühlen« als auch »sich in jemanden hineindenken«. Wer aber das Fühlen im Wort »Einfühlungsvermögen« zu sehr betont, läuft Gefahr, die eigenen Gefühle auf den anderen zu übertragen. Dabei unterscheidet er nicht mehr zwischen dem eigenem Gefühl und dem des anderen. Wer sich umgekehrt nur mit dem Verstand in einen anderen hineinversetzt, analysiert ihn und bleibt gefühlsmäßig auf Abstand. Zum Einfühlungsvermögen gehört also beides: Sie erfassen die Situation des anderen, seine Rahmenbedingungen und Einzigartigkeit und stellen sich vor, wie ihm gerade zumute ist. Sie bleiben dabei aber auf Distanz, damit Sie sich nicht in der Situation des anderen verlieren und zwischen den eigenen und den Gefühlen der anderen unterscheiden können.

TIP

**Nehmen Sie ein Blatt Papier zur Hand, und schreiben Sie auf, was Sie von anderen erwarten, um sich verstanden zu fühlen. Machen Sie konkret an Einzelpersonen fest, welches Verhalten Sie sich wünschen, zum Beispiel von Ihrem Partner, Ihrem Kind, Ihrer Mutter oder einer Kollegin. Ein Beispiel: »Ich wünsche mir, daß mein Mann mir intensiver zuhört, mehr Interesse zeigt, sich häufiger Zeit für mich nimmt ...«**

**Ob in der Partnerschaft oder bei der Erziehung, ob als Therapeut, Anwalt, Arzt, Manager oder Verkäufer: Das Einfühlungsvermögen ist ausschlaggebend für Erfolg.**

## Jeder will verstanden und akzeptiert werden

Vielleicht kennen Sie Menschen, die dazu neigen, so lange auf ihre »emotionale Tube« zu drücken, bis sie gehört werden, das heißt sich verstanden fühlen. Die einen werden immer lauter, andere zeigen ihre Unzufriedenheit durch beleidigtes Schweigen, wieder andere werden ausfallend und patzig. Auch betonte Sachlichkeit kann eine mögliche Reaktion sein. Alle verfolgen dasselbe Ziel: Sie möchten gern verstanden und akzeptiert werden.

Wenn Sie beispielsweise zu Ihrem Arzt gehen, wollen Sie nicht wie eine defekte Uhr untersucht und repariert werden, sondern Sie möchten sich als ganze Person wahrgenommen und verstanden fühlen. Sie möchten, daß der Arzt Ihre Ängste, beispielsweise vor einer Operation, ernstnimmt. Daß er diese Operation schon hundertmal durchgeführt hat, ist Ihnen klar; nur: für Sie ist es die erste! Wenn Sie den Eindruck gewinnen, der Arzt versetzt sich in Ihre Lage und weiß genau, wie Ihnen zumute ist, und beschwichtigt Sie nicht nur, dann entwickeln Sie Vertrauen und halten ihn für kompetent. Sie fühlen sich mit Ihren Sorgen, Hoffnungen und Unsicherheiten ernstgenommen und verstanden.

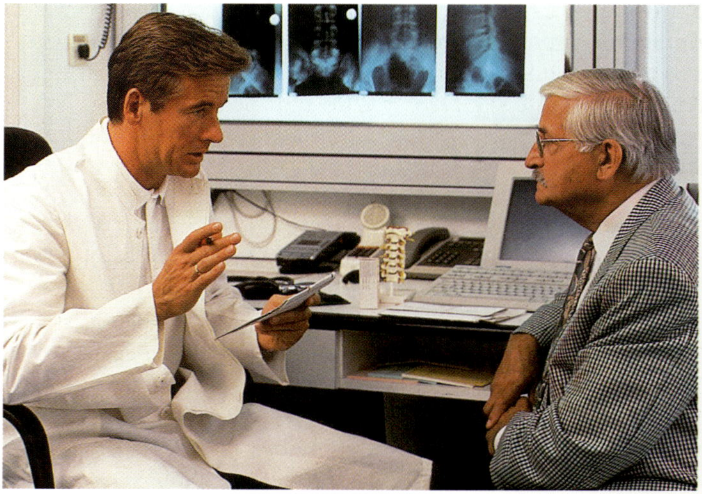

**Wenn wir zum Arzt gehen, erwarten wir, daß er uns mit Einfühlungsvermögen und Verständnis begegnet.**

**Vorsicht mit Fragen**

Viele Menschen sehen die einzige Möglichkeit, einen anderen zu verstehen, darin, ihm Fragen zu stellen. Was dabei jedoch passieren kann, zeigt folgendes Beispiel:

TIP

**Sie können immer wieder feststellen, wie schnell sich erregte Menschen beruhigen, sobald sie sich ernstgenommen fühlen und Anteilnahme an ihren oftmals verletzten Gefühlen spüren.**

Paul sitzt schweigend vor dem Fernseher und schüttelt ab und zu den Kopf. Da er schon bei der Begrüßung sehr einsilbig war und im Essen herumgestochert hat, fragt sich Anna, was denn eigentlich passiert ist. Schmollt er aus irgendeinem Grund? Sie geht zu ihm und will wissen, was mit Paul los ist.

Anna: »Was schaust Du denn schon wieder so sauer?!«

Paul: »Ach, laß mich doch in Ruhe. Ich bin überhaupt nicht sauer.« Er schnappt sich die Zeitung und zeigt so, daß er auf keinen Fall zu einem Gespräch bereit ist.

Jetzt ist sie sauer wegen seiner Launenhaftigkeit, knallt die Türe zu und geht zu ihrer Freundin, um sich bitter zu beschweren. Anna hat es bestimmt gut gemeint. Doch Paul fühlte sich durch die Frage »Was schaust Du denn schon wieder so sauer?!« ganz gewiß nicht verstanden. Er empfand es wahrscheinlich als Angriff oder Vorwurf. Er soll anders schauen! Und außerdem: Konnte sie ihm denn keine Viertelstunde seine Ruhe lassen?

## Wir hören mit vier Ohren

Wenn wir sprechen oder zuhören, geht es um mehr, als um den wörtlichen Inhalt einer Aussage. Mitteilungen haben mehrere Seiten. Jede Mitteilung, die wir empfangen, enthält vier verschiedene Arten von Informationen:

**Vielleicht haben Sie schon den Satz gesagt oder gehört: »Auf dem Ohr bin ich taub.« Ein schönes Bild dafür, daß wir für bestimmte Botschaften nicht erreichbar sind.**

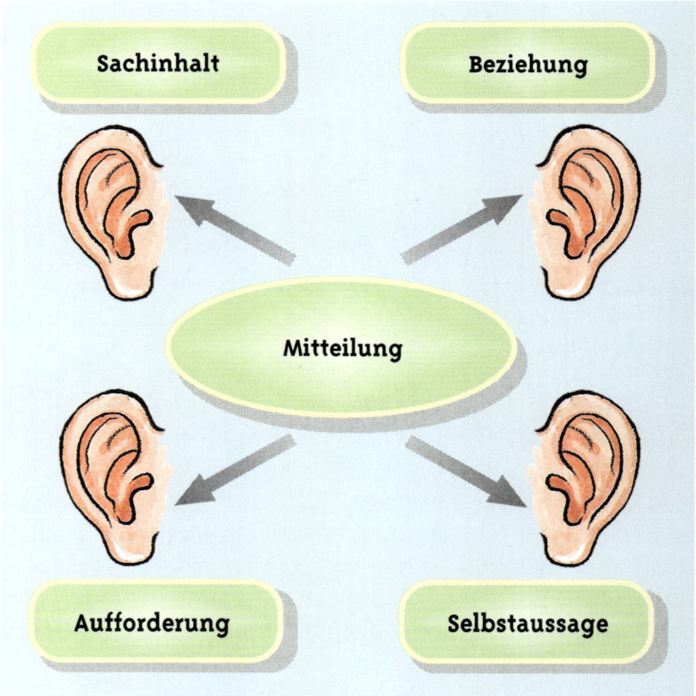


**Mit »vier Ohren« erfassen wir den vollen Inhalt einer Mitteilung.**

❶ Sachinhalt: Ein Sachverhalt wird mitgeteilt. Diese Seite der Kommunikation ist uns direkt zugänglich.
❷ Beziehung: Wie wir zu jemandem stehen, drücken wir durch die Art aus, wie wir mit dem anderen sprechen.
❸ Aufforderung: Wir teilen uns mit, um etwas zu erreichen. Wir verfolgen bewußt oder unbewußt ein bestimmtes Ziel.
❹ Selbstaussage: Wir sagen immer auch etwas über uns selbst aus. Unsere Gefühle, Neigungen, Meinungen und Haltungen drücken wir sprachlich und nicht-sprachlich aus.

Am Beispiel von Anna und Paul auf der vorletzten Seite lassen sich diese vier Informationen einer Mitteilung sehr gut verdeutlichen. Aus Annas vorwurfsvoller Frage könnte Paul mit seinen »vier Ohren« nun folgendes heraushören.

- Er hört den »Sachinhalt«: Sein Gesicht wirkt sauer.
- Er achtet auf die »Beziehung«: Zwischen Anna und ihm herrscht »dicke Luft«, ihr vorwurfsvoller Ton drückt aus, daß sie ihn im Moment nicht ernst nimmt.
- Er bemerkt die »Aufforderung«: Sie wünscht eine Erklärung. Sie will, daß er mit ihr spricht.
- Er vernimmt die »Selbstaussage«: Anna ist genervt und gereizt, weil sie im Dunkeln tappt, wieso er »schon wieder« schlechte Laune hat.

**Was alles in einer Aussage steckt, können Sie an kleinsten alltäglichen Gesprächen überprüfen. Dabei fällt Ihnen vielleicht auch auf, daß jeder von uns bestimmte Gewohnheiten hat: Wir hören oft nur, was wir hören wollen, und sehen nur das, was wir auch sehen wollen.**

### Auf drei Ohren taub

Paul war ganz offensichtlich auf drei Ohren taub. Weder reagiert er auf den Sachinhalt »Du wirkst sauer«, noch auf die Selbstaussage von Anna. Obwohl ihr Ton sehr viel über ihre eigene Stimmung und Haltung verrät, geht Paul nicht darauf ein. Das ist verständlich, da Anna ihn ja auch nicht ernst nimmt. Ihre Äußerung hat sein »Beziehungsohr« verstopft. (Im nächsten Kapitel erfahren Sie, wie Sie das Beziehungsohr gewinnend einsetzen können.)
Die Aufforderung als direkte Frage war zwar unüberhörbar, aber – da der Ton bekanntlich die Musik macht –, hatte Paul keine Lust, auf Anna einzugehen. Er hat ihren Tonfall einfach ausgeblendet und auf ihre Aufforderung wiederum mit einer Aufforderung reagiert: »Ach, laß mich doch in Ruhe.«
Was bringt Paul über seine reinen Worte hinaus zum Ausdruck? Über sich selbst teilt er mit (»Selbstaussage«), daß er Annas Frage als Vorwurf und Angriff erlebt, was seine Stimmung nur verschlechtert. Auf der Beziehungsebene läßt sich unausgesprochen die abschätzige Botschaft vernehmen: »Wer bist Du denn, daß ich es nötig habe, Dir meine Stimmungen zu erklären.« Wer nur den »Sachinhalt« hört, könnte aus Pauls Worten schließen, daß es um Ruhe geht. Und genau darauf reagiert Anna, wenn sie aus dem Haus geht, Pauls »Aufforderung« also entspricht und ihn wunschgemäß in Ruhe läßt.

Wenn Sie den anderen beobachten anstatt ihn zu bewerten, kommen Sie ihm näher. Es kann zwar sein, daß Sie sein Verhalten richtig bewerten – es muß aber nicht sein. Meist gibt es noch andere Möglichkeiten der Interpretation.

## Test: Beobachten oder bewerten Sie?

Wie gut Sie sich in jemanden einfühlen können, hängt stark von Ihrer präzisen Wahrnehmung ab. Ist Ihnen schon einmal aufgefallen, wie oft Sie bewerten, anstatt zu beobachten?
Machen Sie doch folgenden kleinen Test für sich selbst. Lesen Sie die Sätze durch, und kreuzen Sie an, ob es sich bei diesen Aussagen um eine Beobachtung oder um eine Bewertung handelt:

1. Er saß am Telefon.
2. Der kleine Junge weinte.
3. Sie war müde.
4. Sie lachte schallend.
5. Die Gruppe wollte gerade aufbrechen.
6. Sie hatte kein Interesse an ihm.
7. Sie hat Erfolg.
8. Sie war sehr chic angezogen.
9. Sie saß sehr aufmerksam in der Vorlesung.
10. Er saß gelangweilt am Tisch.

**Auflösung:**

1. Er saß am Telefon.
Beobachtung: Daran gibt es nichts zu rütteln.
2. Der kleine Junge weinte.
Beobachtung: Sie sehen einen Jungen, dem die Tränen übers Gesicht laufen.
3. Sie war müde.
Bewertung: Vielleicht ist sie ja krank? Oder desinteressiert?
4. Sie lachte schallend.
Beobachtung: Sie können sehen und hören, daß die Frau aus vollem Halse laut lacht.
5. Die Gruppe wollte gerade aufbrechen.
Beobachtung: Sie sehen, daß die Leute bezahlt haben und ihre Taschen und Jacken zusammenpacken.
6. Sie hatte kein Interesse an ihm.
Bewertung: Vielleicht hat sie sogar großes Interesse an ihm und versucht, es zu verbergen?
7. Sie hat Erfolg.
Bewertung: Jeder hat einen anderen Maßstab für Erfolg.

8 Sie war sehr chic angezogen.
Bewertung: Ein anderer kann dasselbe Outfit scheußlich finden!
9 Sie saß sehr aufmerksam in der Vorlesung.
Bewertung: Kennen Sie das auch? Jemand macht ein sehr interessiertes Gesicht, ist aber geistig meilenweit entfernt.
10 Er saß gelangweilt am Tisch.
Bewertung: Sie wissen nicht, ob er gelangweilt ist oder müde, oder ob er gerade nachdenkt.

**Ob dieser Mann deprimiert, gelangweilt, müde oder gedankenverloren am Tisch sitzt, können Sie nur vermuten.**

**Wie Sie etwas deuten, hängt von Ihren Erfahrungen ab, von der Art und Weise, wie Sie gewohnt sind, Dinge oder Personen zu sehen.**

Dieser Test soll Ihnen zeigen, daß man das Verhalten einer Person häufig schon deutet und bewertet, anstatt es zu beobachten. Dadurch engt man den Spielraum des anderen ein, ohne es zu bemerken.
Versuchen Sie einmal, in Ihrem Alltag genauer zu beobachten. Sie werden dann Kleidung nicht mehr als chic bezeichnen, sondern die einzelnen Kleidungsstücke, die modische Stilrichtung und die Farben beschreiben. Personen werden Sie dann nicht als depressiv, überschwenglich, faul, aufrei-

**Die Werte der anderen müssen Ihren Vorstellungen nicht entsprechen, und trotzdem kann der andere Respekt erwarten. Er handelt auf Grund persönlicher und vielleicht ganz anderer Erfahrungen, die ihren eigenen Ursprung haben.**

zend oder nervtötend bewerten, sondern ihre Mimik, Gestik, Stimmlage und ihr Verhalten genau wiedergeben. Ein guter Beobachter beschreibt das, was er gesehen und gehört hat, möglichst neutral. Der andere soll sich ein eigenes Bild machen können, ohne wertende Interpretationen zu übernehmen.
Natürlich können Sie in Ihrem persönlichen Umfeld nicht dauernd am Rande stehen und nur beobachten. Aber Sie können darüber nachdenken, wie oft Ihre Äußerungen schon Interpretationen und Werturteile enthalten.

### Sagen Sie nur, was Sie sehen und spüren

Anstatt Pauls Verhalten gleich zu bewerten, hätte Anna auch so reagieren können:
Sie sieht, daß er mit zerfurchter Stirn schweigend vor dem Fernseher sitzt. Auf Grund ihrer eigenen Gefühle und Vorerfahrungen interpretiert sie seine Mimik und Haltung. Sie vermutet, daß er sauer ist. Da sie aber keine Ahnung hat, was ihm so die Laune verhagelt hat, nimmt sie einfühlsam Kontakt auf. Anna formuliert vorsichtig, was sie glaubt, bei Paul zu spüren:
Anna: »Du siehst aus, als hättest Du Dich furchtbar geärgert?«
Paul: »Kann man wohl sagen. Ich arbeite wie ein Verrückter und mein Kollege hält sich einfach nicht an abgesprochene Termine. Da ich seine Berechnungen nicht bekommen habe, verzögert sich unser ganzes Projekt. Jetzt hat mich der Chef zu sich gerufen und massiv unter Druck gesetzt. Er malte mir in schillernden Farben aus, was alles passiert, wenn wir unsere Frist nicht einhalten können. Er wirft mir Inkompetenz vor und meint, dann müßte ich im nächsten Monat eben ein paar Überstunden machen und sogar mal am Samstag oder Sonntag ins Büro gehen! Da kann einem ja wirklich der Appetit vergehen.«
Annas Beobachtung war also richtig (Paul ist sauer!); nur die Interpretation (Paul ist sauer auf Anna) stimmte nicht.
Bestimmt kennen Sie genügend Situationen, in denen Ihnen jemand etwas unterstellte, was nicht zutraf. Es entsteht ein gewisser Zwang, sich zu rechtfertigen. Wenn Sie nicht gerade in Hochstimmung sind, ist Ihre Reaktion wahrscheinlich knapp, aggressiv oder patzig.

Um derartige Mißverständnisse zu vermeiden, ist es hilfreich, das eigene Verhalten in drei einzelne Vorgänge genau unterteilen zu können:

1. Sie beobachten (Sehen)
2. Sie deuten das, was Sie wahrnehmen (Denken)
3. Sie empfinden dabei etwas (Fühlen)

Die Kunst besteht darin, die drei Vorgänge des Sehens, Denkens und Fühlens auseinanderzuhalten. Mit etwas Aufmerksamkeit und Übung können Sie dadurch Ihren Umgang mit anderen harmonischer und vielschichtiger gestalten und manchen Konflikt vermeiden.

## Sehen, Denken und Fühlen

Das Gehirn speichert und verarbeitet viele Informationen gleichzeitig. Versuchen Sie einmal, Situationen aus Ihrem Alltag in diese drei Verarbeitungsvorgänge zu unterteilen: Sehen, Denken und Fühlen. Nehmen Sie irgendeine Begegnung des heutigen Tages, und gehen Sie diese drei Schritte hintereinander durch.

**Zum Beispiel:**

1. Ich sehe Dein strahlendes Gesicht.
2. Ich denke, Du hast die Prüfung bestanden.
3. Ich bin erleichtert, daß Du es geschafft hast.

---

1. Ich sehe Dein Kopfschütteln.
2. Ich denke, daß Du mir widersprechen willst.
3. Ich fühle mich unter Druck, schnell noch überzeugende Argumente zu finden.

---

1. Ich sehe und höre ihn pfeifend aus dem Büro unseres Chefs kommen.
2. Ich denke, er hat mal wieder 'ne Extrawurst bekommen.
3. Ich gönne ihm seine Triumphe nur ungern.

---

1. Ich sehe seine breite blaue Krawatte mit rotem Schleifenmuster.
2. Ich denke, er will aller Welt zeigen, daß er sich solch einen extravaganten Schlips leisten kann.
3. Mich beeindruckt soviel Selbstvertrauen.

»Der beste Beobachter und der tiefste Denker sind immer die mildesten Richter.«
Henry Thomas Buckle, 1821-1862, englischer Historiker

## Aktives Zuhören

Die Gefühle anderer zu verstehen bedeutet nicht, daß wir zur selben Zeit dasselbe empfinden müssen. Stellen Sie sich vor, Sie sind traurig und deprimiert, und Ihr Partner weint immer gleich mit. Das würde völlig unnatürlich auf Sie wirken. Sie erwarten statt dessen, daß er Ihnen zugewandt ist, Zeit für Sie hat, Ihnen zuhört und Sie versteht. Ein guter Zuhörer erfaßt, was der andere eigentlich sagen will. Er merkt schon an der Art, wie der andere dasitzt, und an seinem Gesichtsausdruck, ob er gut gelaunt ist oder ob ihn irgend etwas bedrückt.

**Aktives Zuhören heißt, sich anteilnehmend äußern und die Gefühle des anderen ansprechen, in eigenen Worten zusammenfassen, was man beim Gesprächspartner zu spüren glaubt.**

Richtig zuhören heißt nicht, nur schweigend dabeizusitzen, sondern sich aktiv am Gespräch zu beteiligen. Das heißt, zunächst darauf zu achten, was der andere sagt und wie er es sagt. Um ihm zu zeigen, daß Sie wirklich bei ihm sind, können Sie dann in eigene Worte fassen, was gefühlsmäßig mitschwingt. Sie hören also nicht nur auf das Gesagte, sondern nehmen die ganze Person wahr. Diese Art des Zuhörens ist der »Schlüssel zum Gesprächspartner« und schafft ein vertrautes Klima.

### Die Gefühle des anderen bewußt machen

Genauso wie Sie auf Ihre Gefühle einwirken können, können Sie auch auf die Gefühle Ihres Gesprächspartners einwirken. Wenn Sie sich in den anderen einfühlen, können Sie beschreiben, welche Empfindungen Sie bei ihm wahrnehmen oder vermuten. Dadurch erreichen Sie, daß ihm seine Gefühle bewußt werden, daß er sie erkennt und gegebenenfalls ändern kann.

Spinnen wir dazu das Eingangsbeispiel fort:

Anna sitzt mit ihrer Freundin Conny in ihrer Lieblingsbar und beginnt zu erzählen.

Anna: »Weißt Du, Paul kommt nach Hause, grüßt kaum und verschwindet vor den Fernseher. Mein tolles Abendessen hat er kaum angerührt, und als ich ihn frage, was eigentlich los ist, da blafft er mich nur an und verzieht sich hinter die Zeitung. Wenn er sauer ist wegen gestern abend, dann kann er das doch sagen.«

Conny: »Du bist ratlos, was das bedeutet, und vermutest, daß irgend etwas zwischen Euch noch nicht geklärt ist?«

Anna: »Stimmt. Ich habe ihm gestern abend erzählt, daß wir am Wochenende bei meinen Eltern eingeladen sind, und da hat er was von 'keine Zeit' gemurmelt.«
Conny: »Und das nervt Dich. Du nimmst an, daß er keine Lust hat.«
Anna: »Ja. Jeden zweiten Sonntag dasselbe Theater: Meine Mutter lädt uns ein. Sie kocht ein üppiges Essen, extra für uns, und er tut so, als ob er nur mitgeht, um mich zufrieden zu stellen.«
Conny: »Du fühlst Dich Deiner Mutter gegenüber verpflichtet und findest, daß von Paul auch mehr kommen könnte.«
Anna: »Ja, genau.« Pause. »Weißt Du, Conny, wenn ich's mir genau überlege, dann habe ich ja sehr oft auch keine große Lust. Jedesmal zwei Stunden Fahrt, und dann ist der Sonntag fast gelaufen.«
Conny: »Eigentlich ist es Dir lästig.«
Anna: »So hart möchte ich das nicht sagen. Aber es stimmt ziemlich genau. Außerdem muß Paul zur Zeit wahnsinnig viel arbeiten. Vielleicht hat er sich heute ja auch mal wieder über seinen chaotischen Kollegen geärgert.« Pause. »Ich glaub', ich rede morgen früh noch mal in Ruhe mit ihm. Wir könnten uns ja auch mal ein gemütliches, ruhiges Wochenende zu Hause machen.«

**Aktives Zuhören ist keine Technik, um seinen Gesprächspartner auszuhorchen, sondern eine Haltung, die Respekt und Achtung vor dem anderen zum Ausdruck bringt.**

Conny hätte in diesem Gespräch die Möglichkeit gehabt, mit Anna über Paul zu schimpfen oder Anna einfach zu trösten. Sie hätte bestimmt auch eigene Erfahrungen zum besten geben können. Auch die Frage, wie es Annas Eltern geht, hätte dem Gespräch eine Wendung gegeben.
Aber durch ihr einfühlsames und aktives Zuhören hat sie schon nach dem ersten Satz erkannt, daß es nicht nur um den heutigen Abend ging, sondern daß noch etwas anderes in Anna gärte. Conny hat immer wieder Annas Gefühle und Vermutungen angesprochen. Dadurch hat sie Anna gezeigt, daß sie bereit ist, auf ihre ganz persönliche Problemlage einzugehen. Sie hat ihr die Chance gegeben, etwas weiter auszuholen und die Situation für sich selbst so weit zu klären, daß sie ohne Zorn nochmals mit Paul darüber reden kann.

TIP

**Wir finden den emotionalen Gehalt nicht in dem, was jemand sagt, sondern darin, wie er es sagt.**

**Der Ton mach die Musik**

Allerdings fassen nur wenig Menschen ihre Gefühle in Worte, meistens drücken sie Emotionen auf andere Weise aus. Um die Empfindungen eines anderen zu erfassen, achten Sie auf den Klang seiner Stimme und auf all das, was man Körpersprache nennt. Schon jedes Kind lernt, auf den Klang der Stimme zu achten, bevor es beispielsweise der Aufforderung »Komm doch mal her!« folgt: Einmal nähert es sich erwartungsvoll, ein anderes Mal – bei entsprechend strengem Ton – wird es einen »Sicherheitsabstand« wahren.

**Auf die Frage kommt es an**

Fragen werden häufig als bedrängend empfunden. Wenn wir beispielsweise den Eindruck gewinnen, daß der andere uns ausfragen will, also sein eigenes Interesse dahintersteckt, reagieren wir eher einsilbig. Manchmal dienen diese Fragen zur Befriedigung der Neugier. Kontrollfragen erwecken eine innere Abwehrhaltung bei uns. Fragen, die das Klatsch- und Tratschbedürfnis anderer befriedigen, sind uns unangenehm. Bohrende oder indiskrete Fragen werden wir in der Regel abblocken. Dann gibt es auch noch Fragen, die unser Scham- oder Selbstwertgefühl angreifen (forschende Fragen, die uns ein »Geständnis« entlocken sollen). Was heißt denn nun richtig fragen? Wie können Sie nachfragen, wenn Sie alle oben genannten Fehler vermeiden wollen?

## Frageformen

Es gibt unterschiedliche Frageformen, die bis zu einem gewissen Grad bestimmen, wie ausführlich die Antwort ausfällt.

| Geschlossene Fragen | Offene Fragen | Verständnisfragen |
|---|---|---|
| ● können mit ja oder nein beantwortet werden (entweder – oder) | ● ermöglichen dem Gesprächspartner eine ausführliche Antwort, Stellungnahme oder Erklärung | ● hinterfragen den sachlichen oder emotionalen Inhalt des bisher Gesagten |
| ● Beispiel: Gehst Du mit ins Kino? Antwort: Ja. | ● Beispiel: Was möchtest Du heute abend unternehmen? Antwort: Ich möchte mir gerne ein Konzert anhören. | ● Beispiel: Ich habe den Eindruck, Du bist noch unentschieden, ob Du heute abend ausgehen möchtest? Antwort: Weißt Du, ich habe so viel zu tun; ich muß erst mal sehen, wie weit ich bis heute abend komme. |

**Wenn Sie sich in den anderen einfühlen, überschreiten Sie auch mit konkretem Nachfragen seine Grenze nicht. Sie zeigen Interesse an ihm und schaffen mehr Verständnis.**

Wer nachfragt, will:
- Genaueres zum besseren Verständnis erfahren.
- Seinen Eindruck überprüfen.
- Interesse zeigen.
- Gefühle ansprechen.

Je größer der Spielraum einer Frage bleibt, desto eher kann der andere von sich aus entscheiden, wie ausführlich er antworten will, was er uns mitteilen möchte.

### Sich einfühlsam äußern

In einem Gespräch werden Sie nicht nur nachfragen, sondern auch Ihre Eindrücke wiedergeben. Ein wesentlicher Aspekt emotionaler Intelligenz ist, dem anderen zu zeigen, daß Sie ihn verstehen, indem Sie seine Gefühle ansprechen.

**Keine Angst, wenn Sie ein Gefühl benennen, in dem sich der andere nicht wiederfindet. Das Gespräch muß nicht darunter leiden. Im Gegenteil: Da der andere Ihr Interesse spürt, fühlt er sich vielleicht dazu aufgefordert, noch genauer zu beschreiben, wie ihm zumute ist.**

Um die Theorie zum Leben zu erwecken, lassen wir in unserem Beispiel jetzt Pauls besten Freund Carl auftreten: Nachdem Anna aus dem Haus gestürmt ist, kommt zufällig Carl vorbei. Die beiden sitzen am Küchentisch. Pauls Gesichtsausdruck hat sich wenig verändert; Carl sieht ihn prüfend an:

Carl: »Du siehst aus, als wäre ein schweres Gewitter über Dich hereingebrochen.«

Paul: »Das kann man wohl sagen. Ich habe mich mit Anna gestritten. Sie hat mir eine Szene gemacht, ist aus dem Haus gerannt und sitzt jetzt wahrscheinlich bei Conny, um sich auszuheulen.«

Carl: »Und jetzt bist Du sauer.«

Paul: »Ja. Sie zeigt überhaupt kein Verständnis dafür, daß ich abends manchmal völlig kaputt bin. Vor allem die letzten Wochen – ich weiß gar nicht, wo mir der Kopf steht.«

Carl: »Du wirkst ziemlich ausgelaugt durch Deinen Job und fühlst Dich allein gelassen und unverstanden.«
Paul: »Klar! Nicht nur, daß ich wahnsinnig viel Arbeit habe; außerdem läßt mich mein Kollege einfach hängen, so daß ich nicht weiterarbeiten kann. Und jetzt macht mein Chef mich zur Schnecke!«
Carl: »Du fühlst Dich auch noch zu Unrecht kritisiert!«
Paul: »Ja, genau. Und Anna denkt nur ans Wochenende! Wir sollen schon wieder zu ihren Eltern fahren. Ihr zuliebe gehe ich normalerweise ja mit, aber diesmal ... Ich habe weder Zeit noch Lust. Der ganze Sonntag ist dann gelaufen. Ich will aber etwas mit ihr gemeinsam unternehmen. Wir sehen uns während der Woche schon so wenig.«
Carl: »Du bist enttäuscht, wie wenig sie Deinem Wunsch nach einem erholsamen Wochenende entgegenkommt.«
Paul: »Mhm. Stimmt. Aber darüber haben wir noch nie gesprochen. Weißt Du was, ich glaube, sie wünscht sich das im Grunde auch. Ich werde ihr nachher in aller Ruhe erzählen, wie's bei mir gerade aussieht und daß ich diese zwei Tage mit ihr alleine verbringen will.«

**Ein guter Zuhörer fragt sich im stillen: Was empfindet mein Gesprächspartner? Was ist ihm wichtig? Welches Ziel verfolgt er damit? Antworten auf diese Fragen erhalten Sie, sobald Sie sich in den anderen hineindenken und Anteil nehmen.**

## Übung: Einfühlsam reagieren

Sie werden entdecken, daß die meisten auf ein anteilnehmendes Verhalten nicht nur dankbar reagieren, sondern sich in ungewohnter Weise öffnen. Gespräche können in kürzester Zeit eine Tiefe erreichen, die Sie nicht erwartet haben. Weil Übung bekanntlich den Meister macht, haben wir fünf Aussagen für Sie zusammengestellt, auf die Sie einmal mit einer anteilnehmenden Äußerung reagieren, mit der Sie das Gefühl ansprechen. Das zweite Mal erfinden Sie eine Äußerung, die den anderen nicht ernst nimmt.

1. Das Benehmen meiner sechzehnjährigen Tochter wird immer schlimmer. Sie ist frech, vorlaut und tut nur noch, was sie will. Ich weiß nicht, wie ich mich verhalten soll.
2. Mein Freund will unbedingt mit mir am Wochenende wegfahren; aber ich kann mich dafür im Moment überhaupt nicht begeistern. Irgendwie läuft unsere Beziehung in den letzten Monaten nicht mehr so richtig.

❸ Eigentlich möchte ich schon seit zehn Tagen zum Chef gehen und ihm meine Vorschläge unterbreiten. Ich glaube schon, daß er sich dafür interessiert. Aber irgendwie kommt immer 'was dazwischen.
❹ Mein Mann arbeitet so viel, daß er kaum noch Zeit für die Familie hat. Er sagt zwar, es sei alles für unsere Neuseelandreise. Aber ich kann mich gar nicht mehr so richtig drauf freuen.
❺ Es fällt mir schwer, mit meinen Kollegen ins Gespräch zu kommen. In den Pausen sind die immer unter sich. Die Atmosphäre ist komisch. Wäre ich nur bloß in meiner alten Abteilung geblieben!

**TIP**

**Um dem anderen das Gefühl zu vermitteln, daß wir ihn verstehen, können wir, wenn wir sein Gefühl benennen, feine Unterschiede machen. Je differenzierter wir uns ausdrücken, desto größer ist die Wahrscheinlichkeit, seine Stimmung genau zu treffen. Wir haben in der hinteren Klappe dieses Buches einige Vokabeln zusammengestellt, mit denen Sie Gefühle präziser ausdrücken können.**

## Lösungsvorschlag

Beispiel ❶:

**Einfühlende Reaktion:**

- Sie klingen ratlos.
- Du bist beunruhigt, wie das weitergehen soll.
- Sie machen sich Sorgen.

**Fehlende Einfühlung:**

- Das kenne ich. Als meine in der Pubertät war, hatten wir auch pausenlos Krach miteinander. Aber das gibt sich.
- Da muß man hart durchgreifen.
- Wie schrecklich, wenn man sich so behandeln lassen muß. Die Kinder nehmen sich heute einfach zu viel heraus.

---

Beispiel ❷:

**Einfühlende Reaktion:**

- Du bist eher abgeneigt.
- Wenn Du über Deine Beziehung nachdenkst, kommen Dir Zweifel.
- Sie sind skeptisch, ob das Wochenende Ihrer Beziehung neuen Schwung geben kann.

**Fehlende Einfühlung:**

- Ich wäre froh, wenn meiner mal mit mir wegfahren wollte.
- Du siehst das zu schwarz. So ein gemeinsames Wochenende möbelt eine lahme Beziehung wieder richtig auf.
- Sie sollten erst Ihre Beziehung klären, ehe Sie sich auf so ein Unternehmen einlassen.

Beispiel 3:

**Einfühlende Reaktion:**

- Du hast noch Bedenken.
- Sie zögern und können sich noch nicht aufraffen.
- Irgend etwas hemmt Dich, über seine Schwelle zu treten.

**Fehlende Einfühlung:**

- Was kommt denn immer dazwischen? Gib Dir einfach einen Stoß und geh gleich morgen zu ihm.
- Gehe nie zu Deinem Fürst, wenn Du nicht gerufen wirst!
- Wenn Du noch lange wartest, ist Dein Vorschlag veraltet.

---

Beispiel 4:

**Einfühlende Reaktion:**

- Du zweifelst inzwischen, ob ein großer Urlaub das wert ist.
- Du bist Dir nicht sicher, ob so viel Arbeit wirklich zwingend notwendig ist.
- Sie klingen ziemlich enttäuscht – so, als ob Sie sich das vorher alles ganz anders ausgemalt hätten.

**Fehlende Einfühlung:**

- Warum muß es auch unbedingt Neuseeland sein? Das ist doch bestimmt sehr teuer?!
- Wenn Männer plötzlich von »viel Arbeit« reden, dann sollte aber die Alarmglocke ertönen!
- Also, wenn er sich dermaßen für Euch abrackert, dann solltest Du ihm nicht auch noch in den Rücken fallen.

---

Beispiel 5:

**Einfühlende Reaktion:**

- Du fühlst Dich ausgegrenzt.
- Sie hören sich enttäuscht an.
- Bei so viel Distanz trauerst Du Deinen alten Kolleginnen nach.

**Fehlende Einfühlung:**

- Das liegt nur daran, daß Du so gehemmt bist. Wer will schon mit einem Mauerblümchen zusammen sein.
- Dafür verdienst Du jetzt aber deutlich mehr.
- Ich hatte Dich vor dieser Abteilung gewarnt, aber Du wolltest ja nicht hören.

**Sie können Ihre emotionale Intelligenz entwickeln. Mit einer einfühlenden Reaktion geben Sie jeder alltäglichen Unterhaltung mehr Tiefe.**

**»Schau' mir in die Augen, Kleines ...«**

Wer kennt nicht diesen Satz von Humphrey Bogart. Ein Blick in die Augen vermittelt Nähe – und dies nicht nur bei Liebesschwüren. Jeder Kontakt, jedes Gespräch lebt vom Blickkontakt. Wenn jemand mit Ihnen spricht und Sie dabei nicht ansieht, fühlen Sie sich wohl kaum angesprochen. Sie fühlen sich auch nicht ernstgenommen. Zu Recht. Es zeugt weder von Aufmerksamkeit noch von Respekt, wenn Ihr Gesprächspartner nebenher noch andere Dinge erledigt, zum Fenster hinaussieht oder beobachtet, wer gerade den Raum betritt.

**Schon beim ersten Kontakt drücken wir Sympathie und Interesse an einem anderen durch die Länge des Blickkontaktes aus. Blicke, die nur einige Sekunden länger als üblich dauern, sind ein Flirtsignal. Zu lange Blicke wirken dagegen aggressiv.**

Blickkontakte können sehr unterschiedlich aussehen, Augen sprechen ja bekanntlich Bände. Es gibt unzählige Ausdrücke und Redewendungen über die »Sprache der Augen«.
Hier finden Sie eine kleine Auswahl:

- Wenn Blicke töten könnten.
- Bis auf den Grund der Seele sehen.
- Liebe auf den ersten Blick.
- Jemandem schöne Augen machen.
- Einem Blick nicht standhalten können.
- Der Zorn springt ihm aus den Augen.
- Durch jemanden hindurchsehen.
- In ihren Augen versinken.
- Mit den Augen an seinen Lippen hängen.
- Jemanden mit den Augen verschlingen.
- Etwas geht ins Auge.
- Jemandem gehen die Augen auf.
- Das ist ins Auge gegangen.

Wir vermitteln unsere Gefühle für andere sichtbar mit den Augen. Sie merken sofort, wenn jemand sagt »mir geht es gut« und dabei einen niedergeschlagenen Blick hat, daß diese Information nicht stimmig ist. Sie sehen Interesse in den Augen des anderen, ebenso wie Wärme, Ekel, Zorn, Angst, Schüchternheit, Müdigkeit, Aggression, Spott. Diese Reihe läßt sich noch um viele Begriffe verlängern.
Sie verraten aber nicht nur Ihre Gefühle mit den Augen, Sie senden auch noch andere Informationen über Ihre Blicke. Bestimmte »Blicke« steuern Pausen in einer Unterhaltung und geben dem anderen Zeichen, ob er jetzt am Zug ist oder ob er mit seiner Erwiderung noch warten soll.

## Fünf Blicksignale

Diese Blicke sind gängige Signale für Gesprächspausen und haben jeder eine spezielle Bedeutung:

| | Blick | Bedeutung | Aufforderung zum Sprechen |
|---|---|---|---|
|  | den anderen ansehen und schweigen; | »Sie sind dran« | Ja |
|  | entspannter Blick nach schräg oben; | »Ich denke nach«; | Nein (Der andere braucht eine Denkpause) |
|  | Blick nach unten (meist mit gesenktem Kopf) | »Das ist mir unangenehm« | Ja! (Lassen Sie den anderen nicht schmoren!) |
|  | Blick nach schräg unten; | »Ich sinne nach« (nach innen horchen); | Nein (Der andere braucht Zeit zum Nachspüren) |
|  | Blick in unbestimmte Ferne | »Laß uns schweigen« | Nein (Genießen Sie das gemeinsame Schweigen) |

Auch Sie werden normalerweise anderen nicht minutenlang in die Augen sehen – außer wenn Sie gerade frisch verliebt sind. Es wird Ihnen nach einigen Sekunden unangenehm. Wenn die Länge des Blickkontaktes eine gewisse Dauer überschreitet, haben wir das Gefühl, der andere kommt uns zu nahe. Wir fühlen uns beobachtet, angestarrt, verunsichert, ja mit Blicken festgenagelt.

TIP

**Achten Sie einmal auf die Blickrichtungen Ihres Gesprächspartners! Sie werden feststellen, daß diese Signale eindeutig sind.**

## Rollen und Rollenerwartungen

Um dem anderen Verständnis zu vermitteln, können Sie beobachten, zuhören und nachfragen. Durch die Art, wie Sie Aussagen deuten, machen Sie deutlich, in welcher Rolle Sie sich gerade sehen.

Wir alle haben verschiedene Rollen im Leben, die ganz unterschiedliches Verhalten erfordern. Und nicht selten bringen uns diese Rollen in Konflikte. So kann es zum Beispiel schwerfallen, sich von der Rolle als Mutter auf die der Partnerin umzustellen oder von der Rolle als Geschäftsfrau auf die der einfühlsamen Freundin.

**Überlegen Sie sich, welche verschiedenen Rollen Sie miteinander vereinbaren müssen und in welchen Situationen die unterschiedlichen Erwartungen, die damit verbunden sind, Sie in Konflikte bringen.**

Die Zahl der typischen Frauen- und Männerrollen ist groß. Diese folgende kurze Aufzählung soll nur eine Auswahl sein. Die meisten Rollen sind auf beide Geschlechter übertragbar. Es ist möglich, daß Sie ganz andere Rollen miteinander vereinbaren müssen. Diese Liste soll verdeutlichen, wie vielseitig Ihr Repertoire ist:

- Typische Frauen sollen sein: Mutter, Tochter, Ehefrau, Partnerin, Geliebte, Kollegin, Freundin, Spielkameradin, Gastgeberin, Hausfrau ...
- Typische Männer sollen sein: Vater, Sohn, Ehemann, Partner, Kollege, Sportkamerad, Geliebter, Chef, Ernährer, Hausmann, Techniker, Gärtner ...

In jeder Ihrer Rollen wird ein anderes Verhalten von Ihnen erwartet, und Sie werden jeweils entsprechend reagieren. Wenn beispielsweise Ihr kleiner Sohn fragt: »Kannst Du mir bitte den Schuh zubinden?«, so werden Sie dies tun, wenn er es noch nicht alleine schafft. Bittet Ihr Partner Sie um das gleiche, dann muß er wohl beide Arme im Gips haben. Sonst nimmt er die Rolle eines Kindes ein.

### Rollen und ihre Motive

Es gibt noch andere Rollen, die weniger an eine Tätigkeit als an eine innere Haltung gebunden sind. Manche Menschen schlüpfen im Alltags- wie auch im Berufsleben immer wieder in eine Rolle, die ihren Bedürfnissen entspricht. Sie sind beispielsweise:

Besserwisser, Aufpasser, Verführer, Beschützer, Versager, Clown, Opfer, Schwache, Leidende, Hilflose, Kämpfer, Macher, Zweifler, Helden ...

Paare ergänzen sich häufig in ihren Rollen: Er ist hier der beschützende Besserwisser, sie die Bewundernde.

Viele Rollen lassen eine innere Haltung erkennen: Die eigenen Bedürfnisse können nur befriedigt werden, wenn man in solche Rollen schlüpft. Dahinter steckt ein Mangel, verbergen sich intensive Gefühle, die viele Menschen vielleicht selbst nicht einmal wahrnehmen. Emotional intelligente Menschen können auch mit diesen »schwierigen Zeitgenossen« umgehen.
Sie erkennen, was dahinter steckt. Sie versuchen, auf Motive einzugehen, statt auf das Verhalten zu reagieren. Der Beschützer möchte gebraucht werden; das Opfer möchte die Zuwendung; der Clown sucht Zuschauer und Bewunderer; der Verführer benötigt Bestätigung. Jeder dieser Rollen liegt ein tiefes Bedürfnis zugrunde, das natürlich auch anders befriedigt werden kann.

TIP

**Versuchen Sie, hinter den Rollen, die Ihre Kollegen, Freunde oder Ihr Partner spielen, deren Motive zu erkennen.**

## Rollenspiele: wozu?

Viele Menschen spielen eine »Lieblingsrolle«. Das Erstaunliche ist, daß diese Menschen andere häufig zu Mitspielern machen und ihnen bestimmte Rollen in ihren Inszenierungen zuweisen.

- Das Opfer beispielsweise bringt es immer wieder fertig, seinen Mitmenschen Schuldgefühle zu vermitteln.
- Der Besserwisser läßt eine andere Meinung einfach nicht gelten.
- Der Verführer testet immer und immer wieder seinen Charme, um sich selbst zu bestätigen.

Rollen bedingen sich oft wechselseitig. Wenn Sie die Ihnen zugedachte Rolle ablehnen, indem Sie einfach Sie selbst bleiben, ist es auch dem anderen nicht länger möglich, seine Rolle zu spielen.

Anstatt mitzuspielen oder abzuwehren, wenn solche verschlüsselten Appelle an Ihr Ohr dringen, können Sie stattdessen stärker darauf hören, was der andere über sich sagt, als auf das, was er von Ihnen erwartet. Und denken Sie daran, daß wir es alle im Grunde nicht gewohnt sind, unsere Bedürfnisse offen und verständlich zu formulieren.

TIP

**Überlegen Sie sich, durch welche Verhaltensweisen Sie es anderen ermöglichen, ihre Lieblingsrolle zu spielen. Wenn Ihnen die Rolle, die Ihnen zugedacht wurde, nicht mehr gefällt, dann spielen Sie nicht mehr mit!**

# Den Emotionen der anderen mit Intelligenz begegnen

Der partner-
schaftliche Umgang
mit anderen läßt Raum
für unterschiedliche
Gefühle, Meinungen
und Interessen.
Dies ist der Schlüssel,
mit dem Sie andere
gewinnen können.
Das macht Sie erfolg-
reich und beliebt.

# Ich und die anderen

**Im vorigen Kapitel ging es darum, wie Sie andere verstehen und ihnen dies auch mitteilen können. Dieses Einfühlungsvermögen können Sie auch dazu nutzen, um aktiv auf die Gefühle Ihrer Gesprächspartner einzuwirken. Erst wenn Sie mit den Empfindungen anderer umgehen können, sind Sie auch in der Lage, Ihre privaten und beruflichen Beziehungen bewußt zu gestalten. Darin zeigt sich Ihre emotionale Intelligenz.**

TIP

**Sie können denen, die sich schwer damit tun, ihren Wunsch direkt zu äußern, helfen: Sprechen Sie direkt an, wie es Ihnen mit indirekten Aufforderungen geht.**

## Die Ziele der anderen aufdecken

Die Kunst, befriedigende Beziehungen zu anderen zu unterhalten, liegt zum großen Teil in der Kunst, mit ihren Emotionen umgehen zu können. Wir haben im Umgang mit anderen Menschen unterschiedliche Beziehungen mit unterschiedlichen Aufgaben: In einer Paarbeziehung ist partnerschaftliches Verhalten erwünscht, in der Erziehung Ihrer Kinder Lenkung. Im Beruf verlangt man Teamfähigkeit oder Führungsqualität von Ihnen und im Alltag mit anderen Menschen einfach Höflichkeit.

Sie können diese Beziehungen nur dann konkret und bewußt formen, wenn Sie wissen, was Sie wollen, wenn Sie die Ziele kennen, die hinter Ihrem Verhalten stecken. Mit etwas Übung können Sie aber auch die Ziele der anderen erkennen. Deren Handeln ist ebenfalls zielgerichtet, selbst wenn dies nicht immer auf den ersten Blick erkennbar ist. Denn auch andere verbergen ihre Gefühle oft hinter verallgemeinernden Aussagen.

Viele Aufforderungen werden mit dem Wörtchen »es« indirekt ausgedrückt und allgemein gehalten:

- Es zieht. (Soll da jemand die Tür schließen?)
- Es ist spät. (Wer möchte jetzt ins Bett?)
- Es ist kein Kaffee mehr da. (Wer soll wohl Kaffee kochen?)

Vorgesetzte beispielsweise verbergen gern konkrete Erwartungen an ihre Angestellten hinter solchen Aussagen:

- Man muß an diesem Stück noch einiges nachbessern. (Wer muß nachbessern?)

- Mit einigen Überstunden können wir den Termin halten. (Wer soll denn da Überstunden machen?)
- Es ist wichtig, persönliche Wünsche zurückzustellen, bis wir das Projekt abgeschlossen haben. (Wem ist das wichtig? Und: Stellt auch der Chef persönliche Wünsche zurück?)

Lassen wir uns dies von Anna und Paul vorführen:
Paul: »Wir haben einfach nicht genug Geld, um alles zu kaufen, was hier anscheinend gebraucht wird.«
Anna: »Das klingt nach einem Vorwurf. Ich werde immer bockig, wenn Du in diesem Ton mit mir sprichst.«
Paul: »Das habe ich schon gemerkt. Aber vielleicht sollte ich Dir einmal sagen, wie elend mir zumute ist, wenn die Kontoauszüge kommen. Wenn wir uns nicht auf eine Lösung verständigen, arbeite ich in der ersten Woche eines Monats nur für die Zinsen.«

**Meine Interessen – Deine Interessen**

Mit allem, was wir tun, wollen wir in erster Linie erreichen, daß wir uns wohl fühlen. Wenn wir nicht nur unsere Ziele kennen, sondern auch die Wünsche und Absichten der anderen beachten, können wir unsere eigenen Interessen besser vertreten und die der anderen trotzdem respektieren.

**Wer zu seinen Wünschen und Absichten steht, kann sie auch direkt mitteilen und muß sie nicht hinter anonymen Aussagen verstecken. Es ist in Ordnung, seine Wünsche offen zum Ausdruck zu bringen!**

Egal, ob es sich um Ihren Lebenspartner handelt, Ihre Kinder, Ihre Kollegen oder Angestellten, Ihr Verhalten wird bestimmt von der Wertschätzung, die Sie Ihrem Gesprächspartner entgegenbringen und dem Ausmaß an Freiraum, den Sie ihm einräumen.

**Wertschätzung**

Mit Wertschätzung drücken Sie aus, wie Sie zum anderen stehen. Wertschätzung meint, daß Sie einen anderen akzeptieren und respektieren. Andere Ausdrücke sind: gelten lassen, anerkennen oder achten. Sie können einen anderen Menschen ernst nehmen, ohne seine Leistungen oder Meinungen zu bewerten. Deswegen müssen Sie nicht zum Ja-Sager werden. Ihr Einverständnis, sprich: Ihr Gutheißen, ist gar nicht gefragt, wenn es darum geht, dem anderen zu zeigen, daß Sie seine Ansicht nachvollziehen. Wertschätzung zu zeigen fordert uns manchmal heraus, weil uns unsere Gefühle im Wege stehen.

Werden negative Gefühle unterdrückt, besteht die Gefahr, daß sie sich früher oder später als Geringschätzung, Mißachtung oder Verachtung zeigen. So wird an dieser Stelle noch einmal deutlich, wie wichtig es ist, daß wir unsere Gefühle wahrnehmen und lernen, mit ihnen angemessen umgehen zu können.

**»Verstehen« heißt nicht unbedingt »einverstanden sein«. Sie können entschieden anderer Meinung sein und doch den Standpunkt des anderen nachvollziehen.**

**Freiraum**

Das Ausmaß an Freiraum, das Sie dem anderen einräumen, drückt aus, was Sie wollen: Je nachdem, wie wichtig Ihnen etwas ist, werden Sie entweder den anderen zu überzeugen versuchen oder aber ihm die Freiheit zugestehen, etwas anders zu sehen, weil Ihnen in diesem Punkt eine Übereinstimmung nicht so wichtig ist. Wollen Sie, daß Ihr Gesprächspartner etwas selbst entscheidet, verzichten Sie darauf, ihm Ihre Vorstellungen aufzudrängen. Geht es aber um Ihre eigenen Interessen, setzen Sie sich auch dafür ein.

## Verschiedene Verhaltensweisen

**Es gibt vier verschiedene Möglichkeiten, wie Sie sich einer Person gegenüber verhalten können:**

- autoritär
- gleichgültig
- antiautoritär
- partnerschaftlich

**Der Autoritäre:**
Er kennt seine Interessen, glaubt immer zu wissen, was richtig ist, und versucht, das auch durchzusetzen. Er traut dem anderen nichts zu, weil er ihn weder achtet noch ernst nimmt.
Seine Ausgangsposition lautet: »Ich weiß, was ich will, und ich bekomme auch, was ich will.«

**Der Gleichgültige:**
Er räumt dem anderen jede Freiheit ein; dieser kann selbst entscheiden, was er tut. Er schätzt den anderen so wenig, daß es ihm egal ist, was er macht oder nicht macht. Seine Ausgangsposition lautet: »Mir ist gleichgültig, was Du tust.«

**Der Antiautoritäre:**
Er schätzt den anderen so sehr, daß er seinetwegen die eigenen Interessen völlig zurückstellt. Er läßt dem anderen ein Höchstmaß an Freiheit und verzichtet auf Lenkung, ohne darüber nachzudenken, ob der andere diesen Freiraum auch angemessen und verantwortungsvoll nutzen kann. Das überfordert möglicherweise beide Seiten. Seine Ausgangsposition lautet: »Mir ist nur wichtig, daß es Dir gut geht.«

**Der Partner:**
Er respektiert den anderen – und sich selbst. Er lenkt den anderen, ohne ihn zu gängeln oder zu mißachten. Seine Grundhaltung ist geprägt von gesundem Selbstwertgefühl und der Wertschätzung des anderen. Seine Ausgangsposition lautet: »Ich weiß, was ich will und ich weiß, was mein Gegenüber will. Ich bin gespannt, worauf wir uns einigen.«

**Die Reaktionen anderer auf unser Verhalten entsprechen einem Echo. Wenn wir das auf die vier beschriebenen Verhaltensweisen übertragen, heißt das: So wie wir einen anderen behandeln, werden auch wir behandelt.**

TIP

**Bei Ihrem nächsten Konflikt können Sie wie bei dem Beispiel der Urlaubsplanung von Anna und Paul alle vier Verhaltensweisen durchspielen. Dabei erkennen Sie, welches Verhaltensmuster Sie gewöhnlich verwenden und welches zu einer Lösung führt.**

Anna und Paul zeigen Ihnen, was mit diesen unterschiedlichen Verhaltensstilen gemeint ist:
Die beiden planen ihren Griechenland-Urlaub. Anna möchte in diesem Jahr keine drei Wochen am Strand verbringen. Sie würde gerne von Insel zu Insel fahren und sich Land und Leute ansehen.

- Autoritäre Reaktion:

Paul: »Ich habe unseren Urlaub gestern morgen schon gebucht. Wir sind wieder im selben Hotel wie letztes Jahr.« Anna bleibt wahrscheinlich die Sprache weg! Trotz und Kampfansage oder grollender Rückzug werden die Folge sein. Paul behandelt sie wie ein kleines Kind. Vielleicht packt sie auch gleich ihre Koffer und wartet gar nicht bis zum Urlaub ...

- Gleichgültige Reaktion:

Paul: »Kein Mensch erholt sich bei so einem Kulturtrip! Aber wenn Du meinst ...«. Paul fährt zwar mit Anna in Urlaub, bringt es aber bestimmt fertig, Anna vom ersten Tag an zu vermitteln, daß diese Ferien für ihn die reinste Marter sind. Alles, was sie interessant findet, wird er abwerten, um ihr zu beweisen, daß dieser »Kulturtrip« eine Schnapsidee war.

- Antiautoritäre Reaktion:

Paul: »Mhm, das ist 'ne gute Idee. Du hattest ja schon immer mehr Spaß an Kultur und Landschaft als am Strandurlaub.« Paul überläßt Anna die Planung, ohne eigene Wünsche und Vorstellungen einzubringen. Freut er sich selbst aber auch auf diesen Urlaub?

- Partnerschaftliche Reaktion:

Paul: »Also, drei Wochen herumreisen ist mir zuviel. Ich brauche ein paar ganz faule Tage am Wasser mit Lesen, Sport und Ausspannen. Aber beim Inselhüpfen können wir ja beide Interessen miteinander verbinden: gemeinsam auf Entdeckungsreise gehen und dann Erholung am Strand.« Paul nennt klar seine Interessen, nimmt aber Annas Wünsche genauso ernst und ist zu einem Kompromiß bereit.

**Die Wertschätzung des anderen und der Freiraum, den Sie ihm lassen, sind bei den vier Verhaltensweisen unterschiedlich ausgeprägt.**

**Die vier Verhaltensweisen im Vergleich**

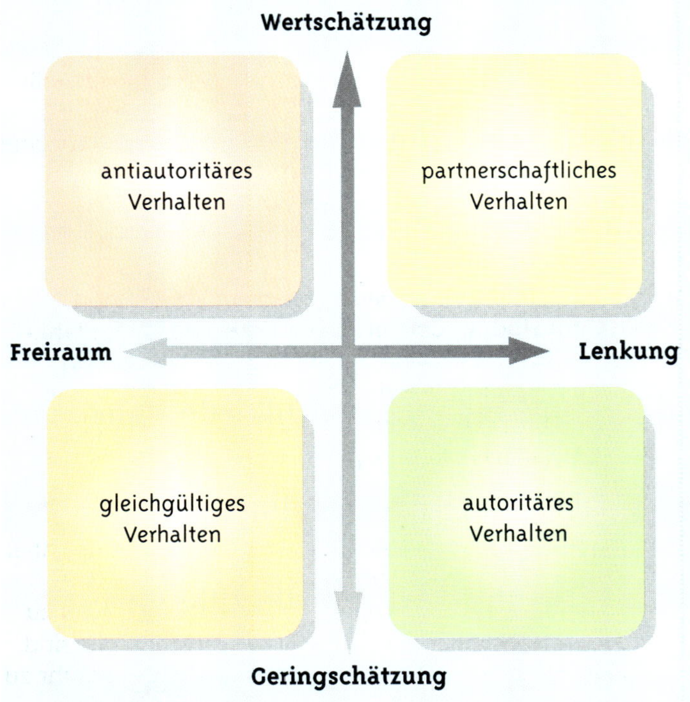


**Die Verhaltensweisen unterscheiden durch den Freiraum und die Wertschätzung, die Sie dem anderen entgegenbringen.**

# Konflikte bewältigen

**Wenn Sie mit anderen übereinstimmen, machen Sie sich wahrscheinlich kaum Gedanken über den Umgang mit ihnen. Anders wird es, wenn unterschiedliche Interessen und Meinungen aufeinanderprallen oder wenn Ihnen das Verhalten des anderen fremd ist.**

## Sich einig werden – aber wie?

Es kann sehr schwierig sein, eine Einigung zu erzielen, wenn zwei berechtigte Interessen heftig aufeinanderprallen. Wenn jeder nur seine Position verteidigt und den anderen zu überzeugen versucht, dann kommt es nicht zu einer Verhandlung über die Interessen, sondern zu einer Kampfansage: Wer setzt sich durch? Das Ergebnis ist keine Einigung: Die Beteiligten verlassen den Ort als Sieger und Verlierer. Der Verlierer hat dann das Gefühl:

**Das Ziel einer Einigung ist es, zu einer Lösung zu finden, die beide Seiten zufrieden stellt.**

- ich bin zu kurz gekommen
- ich kann meine Interessen nicht durchsetzen
- ich zahle drauf
- der andere ist stärker
- ich fühle mich benachteiligt.

### »Entweder ich oder der andere«

Wer mit anderen autoritär umgeht, dem geht es um Sieg oder Niederlage. Seine größte Sorge ist, daß man ihn für einen Schwächling halten könnte. In der Politik nennt man solche Menschen »Hardliner« oder »Falken«.

Wer so seine Interessen verfolgt, geht das Risiko ein, genauso mißachtet zu werden. Es liegt auf der Hand, daß im anderen Gefühle wie Unbehagen, Wut und Trotz entstehen. Im Beispiel mit der bereits gebuchten Griechenlandreise bevormundet Paul Anna wie ein kleines Kind. Auch ironische Bemerkungen sowie moralische Vorwürfe gehören zum autoritären Stil:

- »Natürlich kann man sich wunderbar entspannen, wenn man pausenlos neue Leute kennenlernen soll. Erholung pur durch Inselhüpfen, na danke!«

- »Es ist vielleicht Deiner geschätzten Aufmerksamkeit entgangen, daß ich das Geld für diesen Urlaub verdiene. Da werde ich ja wohl noch ein wenig mitreden dürfen, was damit gemacht wird.«
- »Wenn es Dir Mühe bereitet, einmal im Jahr auf mich Rücksicht zu nehmen, habe ich mich wohl in Dir getäuscht.«

Ganz gleich wie Paul hier formuliert, stets wird sich Anna unverstanden fühlen. Und dieser Eindruck überschattet den bevorstehenden Urlaub. Wenn Paul auf Annas Gefühle keine Rücksicht nehmen will, kann er sich mit seinen Urlaubsabsichten vielleicht durchsetzen. Annas Reaktion ist dann allerdings der Preis für seinen Sieg.

### »Das ist mir egal«

Verhält sich Paul gleichgültig, räumt er Anna zwar viel Freiraum ein, doch sie wird nicht gerade glücklich darüber sein, wenn sie miterleben muß, wie desinteressiert er am Urlaub teilnimmt.
Sein gleichgültiges Verhalten hinsichtlich Annas Urlaubswunsch könnte er auch so formulieren:

- »Wieso fragst Du mich? Wir machen doch sowieso immer, was Du willst.«
- »Wenn Du meinst, daß Du das brauchst.«

Paul könnte auch ganz passiv reagieren: Er fährt mit und trottet schweigend neben ihr her, schaut während eines Museumsbesuchs nur auf die Uhr und bleibt unberührt von all dem, was Anna wichtig ist und ihr Freude macht.
Wie auch immer er seine Gleichgültigkeit demonstriert, Anna spürt, wie wenig ihr Urlaubswunsch akzeptiert wird. Wie soll sie da »die schönsten Tage im Jahr« genießen? Aber auch Paul zahlt für dieses Verhalten einen hohen Preis.

### »Wie Du meinst, Liebling«

Schauen wir uns das antiautoritäre Verhalten an: Zunächst scheint es vielleicht traumhaft, so viel Freiraum zu haben und so viel (vermeintliche) Wertschätzung zu erfahren.
In unserem Beispiel trägt Anna nun aber die Verantwortung für den Urlaub ganz allein. Sie kann zwar ihren Wunsch verwirklichen, hat aber einen Partner zur Seite, der selbst

**Wer die eigenen Belange von vornherein den Interessen des anderen unterordnet, hat in der Regel Angst vor Konflikten. Er scheut die Konfrontation mit den Gefühlen des anderen Menschen.**

nichts zu diesem Glück beisteuert. Andere antiautoritäre Formulierungen bringen dieselbe Einstellung zum Ausdruck, wie beispielsweise:

- »Für mich ist oberstes Gebot, daß Du Dich wohl fühlst. Du kannst am besten entscheiden, wie Du diesen Urlaub optimal gestaltest.«
- »Wenn Du lieber Land und Leute kennenlernen willst, dann kann ich das verstehen.«
- »Das ist sicher eine gute Gelegenheit, die griechischen Inseln kennenzulernen. Ich kann gut nachvollziehen, daß Du Dir diese Chance nicht entgehen lassen willst.«

Pauls Fürsorglichkeit ist zwar lobenswert, aber wo bleibt er? Nimmt er sich selbst auch ernst? Wieviel Freude macht ihm dieser Urlaub? Kann er sich so erholen?

Seine Urlaubswünsche bleiben auf der Strecke. Spätestens in Griechenland erlebt Paul eine böse Überraschung: Er wird wahrscheinlich nicht heiter und entspannt an Annas Seite Land und Leute kennenlernen wollen. So betrachtet, hat Anna zu der Last der Urlaubsplanung auch noch die Last mit einem unzufriedenen Paul. Mit seiner gutgemeinten Rücksichtnahme handelt er sich selbst Langeweile, Mißmut oder sogar Verdrossenheit ein.

TIP

**Jeder möchte gern, daß seine Wünsche und Interessen vom anderen ernstgenommen werden. Sie vermitteln einem Gesprächspartner diesen Respekt am deutlichsten, wenn Sie seine Wünsche nennen. So schaffen Sie eine Stimmung, die am schnellsten zu einer Lösung führt.**

### Gemeinsam, nicht einsam

Emotionale Intelligenz kommt im partnerschaftlichen Verhalten zum Ausdruck. Weil wir mit unserem Verhalten im anderen Gefühle auslösen, können wir schon im voraus für angenehme Gefühle sorgen. Obwohl Paul von einem entspannenden Strandurlaub träumt, kann er Annas Urlaubswünsche ernst nehmen und berücksichtigen.

Auch diese Formulierungen zeigen einen partnerschaftlichen Umgangsstil:

- »Ich bin überzeugt, daß es Dich unheimlich lockt, auch die anderen Inseln kennenzulernen. Und mir ist es wichtig, daß ich ausspanne. Wie können wir eine Lösung finden, bei der wir beide auf unsere Kosten kommen?«
- »Ich sehe schon, Du möchtest mal etwas anderes erleben. Und für mich besteht die größte Erholung darin, wenn ich mich auf nichts Neues einstellen muß. Da müssen wir uns irgend etwas einfallen lassen.«

● »Okay, Dich reizt Inselhopping und mich zieht's ans Wasser. Das sind ja ziemlich unterschiedliche Vorstellungen. Aber wir beide haben schon ganz andere Gegensätze gemeistert. Da werden wir das wohl auch noch schaffen.«
Wenn Paul partnerschaftlich antwortet, bleibt noch alles offen. Und genau dadurch vermittelt er Anna seinen Respekt. Jetzt sind die Positionen geklärt, und beide können sich verschiedene Lösungsmöglichkeiten überlegen, um ihren Urlaub gemeinsam zu genießen.

## Interessenausgleich

**Um zu einer Einigung bei Interessenkonflikten zu kommen, sind zwei Überlegungen von besonderer Bedeutung:**

1. Wie ist die Beziehung der Beteiligten?
2. Welche unterschiedlichen Interessen stehen im Raum?

**Die Beziehung: Wie gehen wir miteinander um?**
Wenn sich beide Seiten mit Respekt begegnen, die Meinung des anderen akzeptieren, sich gegenseitig ausreden lassen – wenn sie also partnerschaftlich miteinander umgehen – ist eine Voraussetzung bei der Suche nach einer gemeinsamen Lösung erfüllt. Der andere wird ernstgenommen, weil es darum geht, gemeinsame Ziele zu verfolgen. Wer mit »verdeckten Karten« spielt, hat dieselben Chancen wie beim Poker: Das Ergebnis ist Glückssache und Nervensache! Wer sich selbst und den anderen nicht als »Spieler« betrachtet, der benennt seine Interessen und Ziele offen.

**Die unterschiedlichen Interessen: Was wollen wir erreichen?**
Um bei einem echten Interessenkonflikt eine beständige und für jede Seite zufriedenstellende Lösung zu finden, muß klar sein, auf welcher Basis beide Seiten argumentieren. Nur so ist es möglich, wirklich auf den anderen einzugehen und sich keine Scheingefechte zu liefern. Die Grundfragen lauten: Was sind meine Interessen, und was sind Deine Interessen? Oftmals entzündet sich ein Konflikt an der Frage des Vorgehens, obgleich beide Seiten dasselbe wollen. Darum: Benennen Sie Ziele, anstatt über Methoden und Wege zu streiten.

**Wer erlebt hat, wie freundlich und entgegenkommend Menschen reagieren, sobald sie sich verstanden fühlen, gewöhnt sich an, den Standpunkt des anderen ernst zu nehmen und ihm dies auch zu zeigen.**

**Wer erlebt hat, wie entgegenkommend Gesprächspartner reagieren, sobald sie sich verstanden fühlen, gewöhnt sich an, die Position des anderen ernst zu nehmen und ihm dies auch zu vermitteln.**

### Fremde Standpunkte anerkennen

Sie können immer wieder beobachten, daß Menschen auf ihrem Standpunkt beharren, solange er nicht akzeptiert wird. Viele setzen sich erst dann mit der Position ihres Gesprächspartners auseinander, wenn ihr eigener Standpunkt anerkannt wird. Sobald sie sich ernstgenommen fühlen, sind sie meist rasch bereit, einzulenken und ihre Position zu verändern.

Um also Ihrem Gesprächspartner zu zeigen, daß Sie ihn und seine Interessen respektieren, können Sie das, was ihm wichtig ist, an den Beginn eines Satzes stellen. Das Schema dazu lautet: »Du willst dies, und ich will jenes.« Das Wort »und« ist hier besonders wichtig, weil hier zwei Standpunkte gleichwertig nebeneinander stehen. Es liegt zwar nahe, mit dem Wort »aber« weiterzumachen, doch damit drücken Sie aus, daß Ihr Ziel wichtiger ist als das des anderen. Die Folge liegt auf der Hand: Der andere fühlt sich weder akzeptiert, noch verstanden.

Zusammengefaßt bedeutet das: Partnerschaftliches Verhalten zeigen Sie, wenn Sie

- respektvoll mit anderen umgehen,
- eigene und fremde Wünsche und Ziele offenlegen,
- sich auf Interessen statt auf Positionen konzentrieren,
- gemeinsam nach einer Lösung suchen, die beide zufriedenstellt,
- offen sind gegenüber sachlichen Argumenten.

## Mit der Wut des anderen umgehen

Fehlendes Einfühlungsvermögen hat besonders verheerende Folgen, wenn der andere gerade von sehr starken Gefühlen gepackt wird.

Im folgenden finden Sie gängige Reaktionen, die dem Empfinden des anderen in keiner Weise gerecht werden und damit eher zu einer Verschärfung der Situation beitragen:

Eine Kundin reklamiert mit lauter und empörter Stimme: »Das ist ja wohl das allerletzte. Ich hatte eindeutig mit Ihnen vereinbart, daß Ihre Lieferung unbedingt noch diese Woche eintreffen muß. Jetzt ist Freitag, und wir haben für unser Sommerfest keine Beleuchtung! Ich werde die Bestellung rückgängig machen! Das wird teuer für Sie, das kann ich

**Begegnen Sie Wutausbrüchen, indem Sie die Emotion des anderen ernst nehmen und direkt ansprechen.**

**Sie können auch mit starken negativen Gefühlen eines anderen, wie zum Beispiel Wut und Zorn, konstruktiv umgehen, wenn Sie ihm vermitteln, daß Sie ihn ernst nehmen.**

Ihnen sagen.« Ganz nach dem Motto »nur kein Öl ins Feuer gießen«, kann der Verkäufer jetzt den Zorn der Kundin ausblenden und nicht auf ihr Gefühl eingehen. Dann nimmt er nur die sachliche Aussage der aufgebrachten Kundin ernst. Wer jedoch in seine Gefühle verstrickt ist – und der Verkäufer wurde ja direkt angegriffen – kann schlecht umschalten. Solche Dialoge ufern blitzschnell aus. Gibt er der Kundin die Schuld, bahnt sich eine Explosion an:
»Ich suche gerade den Auftrag heraus. Ja, Sie haben tatsächlich 25 Stück Festbeleuchtung bestellt. Allerdings fehlt hier das Lieferdatum.«
»Ich hör' ja wohl nicht richtig. Wozu habe ich Ihnen denn zwei Mal telefonisch klargemacht, wie wichtig das für uns ist! Ich möchte mit Ihrem Geschäftsführer sprechen.«

Selbst wenn der Verkäufer auf die Gefühle der Kundin eingeht, die Schuld für die ausgebliebene Lieferung aber jemand anderem in die Schuhe schiebt, wird die Situation dadurch kaum entschärft:
»Ja das tut uns schrecklich leid. Wir hatten Probleme mit unserem Lieferanten, so daß auch wir auf dem Trockenen sitzen. Wir können wirklich nichts dafür.«
»Wollen Sie, daß mir die Tränen kommen? Woher Sie die Beleuchtung bekommen, interessiert mich nicht. Bei uns findet morgen ein großes Sommerfest im Dunkeln statt, weil Sie nicht geliefert haben. Das hat Konsequenzen, ich werde Sie weiterempfehlen ...!«
Sogar mit der Zusicherung, das Problem sofort zu lösen, wird der Verkäufer der Kundin nicht gerecht. Er nimmt von ihrer Empörung keine Notiz und provoziert somit ihre Wut noch mehr:
»Selbstverständlich werden wir rechtzeitig liefern. Ich werde sofort veranlassen, daß Ihnen die Sendung noch heute mit Expreß zugestellt wird.«
»Das darf ja wohl nicht wahr sein: Bei Ihnen muß man sich also selbst um die Lieferung kümmern, damit die Zustellung klappt.«
Auch praktische Ratschläge allein können so empfunden werden, als ob die Gefühle Ihres Gesprächspartners bedeutungslos wären. Doch wer erregt ist, hat den Wunsch, daß seine Gefühle beachtet und respektiert werden. Wer sich beschwert, hat nur ein Ziel: Er möchte Gehör finden.
Der Versuch, die erregte Kundin erst einmal zu beruhigen, geht leider auch meistens schief: »Nun beruhigen Sie sich doch erst mal ...«
»Ich bin die Ruhe in Person, aber Sie werden gleich keine Ruhe mehr haben! Jetzt passen Sie mal auf ....«

TIP

**Wer sich verteidigt, klagt sich an, also: Geben Sie dem anderen nicht die Möglichkeit, Sie in einer Verteidigungsposition zu erleben!**

## Verständnis signalisieren

Nur wer durch Anteilnahme und Ernstnehmen dem anderen zeigt, daß er sich bemüht, auf ihn einzugehen, kann auf einfache Weise Spannungen abbauen:
»Sie sind empört, weil wir Sie mit der Lieferung sitzengelassen haben. Ich kann nachvollziehen, welche Sorgen Sie sich wegen Ihres Sommerfestes machen. Wenn wir da nicht

sofort eine Lösung finden, bringe ich Sie in eine unmögliche Lage.« So werden die Mißstände zur Sprache gebracht, und dadurch weicht der Druck aus dem Gespräch: Vor der praktischen Lösung findet die Klage Gehör. Einfühlsam geht der Verkäufer darauf ein, daß die fehlende Lieferung heftigen Zorn bei der Kundin hervorgerufen hat. Er stillt damit ein Grundbedürfnis: »Ich will ernstgenommen und verstanden werden.« Darüber hinaus macht er der Kundin ihre Empfindungen bewußt, indem er sie damit konfrontiert. Und erst wenn die Kundin sich ihrer Gefühle bewußt ist, kann sie sich auch davon distanzieren.

### Gefühlsausbrüche bremsen

Wenn Sie etwas Unangenehmes mitteilen müssen, fällt es Ihnen vermutlich manchmal auch schwer, die negativen Gefühle des anderen auszuhalten und zu akzeptieren. Vielleicht beginnen Sie Ihre Mitteilung dann mit Worten wie:

- »Bitte seien Sie jetzt nicht enttäuscht ...«
- »Ich hoffe, Du bist jetzt nicht sauer ...«
- »Bitte regen Sie sich nicht auf ...«

Bei derartigen Formulierungen, die dem Gegenüber vorschreiben, was es jetzt bitte nicht fühlen soll, können Sie aber normalerweise erst recht mit Enttäuschung, Aufregung oder Ärger rechnen. Die Antwort fällt entsprechend aus: »Ich reg' mich überhaupt nicht auf, nur daß das klar ist!« Sie wissen, daß jetzt gleich ein Gefühlssturm über Sie hereinbrechen wird. Dieser Ärger ist aber berechtigt! Schließlich haben Sie bereits in Ihrer Einleitung zum Ausdruck gebracht, daß Sie die negativen Gefühle des anderen weder ernst nehmen noch respektieren.

Wenn Sie eine wütende oder enttäuschte Reaktion schon von vornherein wirklich mildern wollen, wird Ihnen dies nur dann gelingen, wenn Sie Ihrem Gesprächspartner diese Reaktion auch ausdrücklich zugestehen: »Ich befürchte, daß ich Dich jetzt enttäusche: Ich kann am Wochenende nicht mit Dir wegfahren.«

Solche ehrlichen Worte zeigen nämlich zweierlei: einmal, daß der gemeinsame Wochenendtrip ins Wasser fällt, zum anderen aber auch, daß das unangenehme Gefühl der Enttäuschung respektiert und richtig eingeschätzt wird.

TIP

**Wenn Sie ansprechen, was Ihr Gesprächspartner gerade macht oder empfindet, machen Sie die spontane Fortsetzung dieses Verhaltens unmöglich. Sie stoppen seine negativen Empfindungen nur, indem Sie sie offen ansprechen. Wer kann sich noch bewußt aufregen, wenn er sich verstanden fühlt?**

## Wenn Sie nicht gehört werden

Es gibt auch Gesprächssituationen, in denen Ihr Gesprächspartner einfach nicht auf Sie eingeht, weil er viel zu sehr mit sich beschäftigt ist.
Sie können hier genauso vorgehen wie damals, als es darum ging, eigene negative Gefühle zu kontrollieren. Wir haben Ihnen gezeigt, daß Sie zum Beispiel Lampenfieber nur dann loswerden können, wenn Sie dazu stehen und es bejahen – und nicht, wenn Sie diesen Gefühlszustand einfach zu unterdrücken versuchen. Diese Erkenntnis können Sie auch im Kontakt mit anderen gezielt einsetzen.

### »Hilfe, ich komme nicht zu Wort!«

Ihr Gesprächspartner unterbreitet Ihnen so langatmig und vehement seinen Standpunkt, daß Sie einfach nicht zu Wort kommen. Sie können ihm sein Verhalten mit einfachen Sätzen widerspiegeln und ihn dazu bringen, Ihnen zuzuhören:

- »Du willst mich unbedingt überzeugen.«
- »Du kannst nur schwer akzeptieren, daß ich in dieser Sache anderer Meinung bin.«
- »Sie möchten, daß ich einfach nur zuhöre.«

**TIP**

**Wenn Sie das nächste Mal einer unfreundlichen Verkäuferin gegenüberstehen, versuchen Sie es doch einmal mit folgenden Worten: »Sie haben gerade wenig Zeit mich zu beraten ...« Wahrscheinlich werden Sie sofort freundlicher bedient.**

### »Unterbrich' mich nicht immer«

Ihnen fällt jemand ins Wort, und Sie kommen auch mit der deutlichen Bemerkung: »Darf ich bitte ausreden« oder: »Ich bin noch nicht fertig« nicht zum Ziel. Vielleicht probieren Sie beim nächsten Mal eine der folgenden Bemerkungen aus:

- »Sie möchten mich jetzt unterbrechen.«
- »Du fällst mir gerade ins Wort.«
- »Jetzt möchtest Du gern sprechen.«

### »Denk' doch auch mal an mich«

In einer anderen Situation merken Sie, daß Ihr Gegenüber nicht den geringsten Versuch macht, auf Sie einzugehen. Genau das können Sie zum Ausdruck bringen:

- »Es fällt Ihnen schwer, auf mich einzugehen.«
- »Im Moment können Sie mich nicht ernst nehmen.«
- »Du willst Dich im Augenblick nicht mit meinem Wunsch beschäftigen.«

# Kritik ohne Kränkung

**Im Umgang mit anderen kommt es immer wieder vor, daß Sie unzufrieden sind – entweder mit dem Verhalten des anderen oder mit der Art und Weise, wie eine Aufgabe erledigt wurde. Und Sie wollen das auch äußern. Aber: Wie können Sie Kritik zum Ausdruck bringen, ohne den anderen zu verletzen oder herabzusetzen?**

## Kritik üben will gelernt sein

Wir wissen alle, wie selten es uns gelingt, Kritik anzunehmen. Vielleicht liegt das daran, daß manche Menschen uns mit ihrer Kritik eigentlich etwas ganz anderes vermitteln

**Kritikgespräche sind oft für beide Seiten ein Problem.**

TIP

**Beginnen Sie ein Kritikgespräch damit, daß Sie zeigen, mit welchem Ziel Sie dieses Gespräch führen möchten. Dadurch stehen nicht die Kritikpunkte im Vordergrund, sondern die Chancen, etwas zu verbessern.**

wollen. Sie wollen beispielsweise zeigen: »Das kann ich besser.«, »So etwas wäre mir nie passiert!«, »Hätte ich mich bloß nicht auf Sie verlassen!«
Manche wollen auch nur ihrem Herzen Luft machen und ihren aufgestauten Ärger loswerden. Diese Art von Kritik ist kränkend und niederschmetternd. Wer sich entwertet oder angegriffen fühlt, kann sich nicht auf den Inhalt einer Aussage konzentrieren. Er ist viel zu sehr damit beschäftigt, den erlebten Angriff abzuwehren.
Damit der andere Ihre Kritik annehmen kann, ist es also wichtig, für eine entspannte Gesprächssituation zu sorgen.

TIP

**Wenn Sie das Verhalten eines anderen stört, können Sie das ansprechen. Er wird vielleicht verblüfft reagieren, aber er kann nicht mehr ignorieren, wie Sie sich gerade fühlen!**

**Fünf Regeln für Kritikgespräche**

- Den Sachverhalt beschreiben, anstatt zu bewerten.
- Sich in den anderen einfühlen, anstatt ihm gleichgültig gegenüberzutreten.
- Den anderen als gleichberechtigt betrachten, anstatt Überlegenheit zu demonstrieren.
- Sich an der Sache, am Problem orientieren.
- Spontan auf den anderen eingehen, anstatt eine vorher zurechtgelegte Strategie zu verfolgen.

## Sachliche Kritik in drei Schritten

Sie können Kritik leichter auf der Sachebene belassen, wenn Sie der Versuchung widerstehen, den anderen verändern zu wollen. Verfolgen Sie mit Ihrer Kritik ein Ziel und äußern Sie dies in drei Schritten:

1. Ziele darlegen.
2. Den Weg überprüfen.
3. Das gemeinsame Vorgehen festlegen.

### Ziele darlegen

Im ersten Schritt wird geklärt, ob beide Seiten das gleiche Ziel verfolgen. Wenn das der Fall ist, können Sie vergleichen, welche Vorstellungen jeder vom Ergebnis hat und wie er dahin kommen will.
Wenn die Ziele unterschiedlich sind, können Sie das Kritikgespräch im Grunde sofort beenden und stattdessen darü-

ber nachdenken, wie ein gemeinsames Ziel zustande kommen könnte und wie es konkret aussehen soll.
Zur Veranschaulichung nehmen wir noch einmal das Beispiel vom gemeinsamen Geldausgeben. Mittlerweile hat Paul gelernt, seine Interessen zu formulieren:

Paul: »Wir zahlen im Moment sehr hohe Zinsen. Mir ist wichtig, daß wir nicht mehr ausgeben, als wir beide zusammen verdienen. Wie siehst Du das?«
Anna: »Wenn Du so direkt fragst: Mal sind wir im Minus, und mal sind wir im Plus. Am Ende gleicht sich das doch immer irgendwie aus.«
Solange Anna kein Problem damit hat, Schulden zu machen, geht jede Kritik an ihren Ausgaben ins Leere. Jetzt müßte ein Gespräch stattfinden, wie beide ihre unterschiedlichen Ziele verwirklichen können.
Wenn auch Anna keine Schulden machen will, könnte ihre Antwort so aussehen:
»Ich bin ganz Deiner Meinung: Hohe Zinsen müssen wir vermeiden. Meine Kollegin Helga hat mir erzählt, daß es in Frankfurt eine Bank mit Super-Konditionen gibt. Da können wir überziehen und zahlen fast keine Zinsen. Ich erkundige mich gleich morgen.«

**»Das ist die klarste Kritik von der Welt, wenn neben das, was ihm mißfällt, einer 'was Eigenes, Besseres stellt«.**
**Emanuel Geibel, 1815-1884, deutscher Lyriker**

### Weg überprüfen

Sie können dem anderen – auch wenn er etwas tut, was Ihnen nicht gefällt – vermitteln, daß Sie trotzdem Respekt vor ihm haben, indem Sie sich erklären lassen, wie sein Weg zum Ziel führen könnte. Dabei verzichten Sie auf Vorwürfe und zeigen, daß Sie ein echtes Interesse daran haben, zu erfahren, was seine Absichten und Vorstellungen sind:
Paul: »Wenn wir die Bank wechseln, können wir vielleicht Geld sparen. Sollen wir dann aber trotzdem unser Geld unabgesprochen ausgeben?«
Anna: »Wir können uns gern absprechen. Ich mache dann jedoch auch zur Bedingung, daß Du Dich genauso daran hältst wie ich und auf Spontankäufe wie den CD-Spieler neulich verzichtest.«

TIP

**Trauen wir dem anderen die Lösung nicht zu, können wir auf Kritik verzichten. Es spart Zeit und Energie, uns sofort nach jemandem umzusehen, den wir für geeigneter halten.**

### Gemeinsames Vorgehen festlegen

Wenn Sie dem anderen etwas zutrauen, dann werden Sie ihn in die Suche nach einer Lösung einbinden und ihn um eigene Vorschläge bitten. Er soll Verantwortung übernehmen! Auch hier ist eine Verständigung möglich, und sie erzeugt eine Gewinner-Gewinner-Situation.
Paul: »Wenn wir uns absprechen, können wir unser Konto stets im Plus behalten. Aber wie wollen wir das machen? Ich finde es ziemlich blöd, wenn ich Dich jedesmal fragen muß, ob ich etwas kaufen darf oder nicht.«
Anna: »Was spricht dagegen, daß jeder einen festen Betrag bekommt? Wer darüber hinaus das Konto ins Minus bringt, zahlt die Zinsen allein.«

## Kritik annehmen ist auch nicht leicht

Umgekehrt werden auch Sie mit Situationen konfrontiert, in denen Sie selbst Kritik annehmen müssen. In diesem Fall können Sie genauso vorgehen:
❶ Die jeweiligen Ziele offenlegen.
❷ Den Weg klären.
❸ Das gemeinsame Vorgehen festlegen.

### Sich in den Kritiker hineinversetzen

Wenn Kritik unsachlich oder verletzend geäußert wird, neigen wir dazu, uns zu wehren: Die Situation gerät außer Kon-

trolle, das Ergebnis ist meist vernichtend, die Stimmung beiderseits eisig. Aber auch wenn ein anderer Ihre ganze Person niedermacht, können Sie versuchen, einen klaren Kopf zu behalten und das Gespräch entsprechend zu steuern. In diesem Fall setzen Sie sich nicht mehr auf der sachlichen, sondern auf der persönlichen Ebene mit dem anderen auseinander.
Wer unsachlich oder unfair kritisiert, sagt nämlich eine ganze Menge über die Beziehung und über sich selbst aus. Zugegeben, Sie müssen sich ganz schön von Ihrem verletzten Gefühl distanzieren können, um sich in einer solchen Situation ausgerechnet in den hineinzuversetzen, der Sie so gekränkt hat. Trotzdem können Sie sich diese Fragen stellen:

- Was geht in ihm vor?
- Was steckt hinter seiner Kritik?
- Was stimmt in der Beziehung nicht?

TIP

**Wenn Sie unfair kritisiert werden: Stellen Sie sich Fragen zum Sachverhalt, der kritisiert wurde, und zu Ihrer Beziehung zum anderen. Aber: Stellen Sie nicht Ihre ganze Person in Frage!**

Anna und Paul übernehmen diese schwierige Aufgabe wieder einmal:
Sie haben schon vor Wochen beschlossen, die Wohnung zu renovieren. Da Paul im Moment so viel arbeitet und völlig überlastet ist, hat Anna vor, das Wohnzimmer an diesem Wochenende alleine zu streichen. Am Freitag abend, als

Paul nach Hause kommt, steht sie auf der Leiter und hat schon an zwei Wänden den ersten Anstrich gemacht.
Paul: »Sag' mal, was machst Du denn da???«
Anna, grinsend: »Ich streiche, wie Du siehst.« Sie ist ganz stolz darauf, wie viel sie schon geschafft hat.
Paul: »So ein Quatsch! Das hast Du ja noch nie gemacht, das kannst Du doch gar nicht. Die Wände sind ja ganz fleckig!«
Anna: »Du traust mir nicht zu, daß ich ein Zimmer mit vier geraden Wänden streichen kann.«
Paul: »Doch schon, aber ... Was soll denn das, wir wollten das doch gemeinsam machen?« Pause. »Wenn ich Dich da auf der Leiter sehe, bekomme ich ein ganz schlechtes Gewissen. Willst Du mich erpressen? Du weißt doch, daß ich im Moment keine Zeit habe.«
Anna: »Du fühlst Dich dadurch unter Druck gesetzt.«
Paul: »Stimmt. Ich war ja damit einverstanden, daß wir die Wohnung renovieren. Aber wenn ich ehrlich bin, habe ich im Moment überhaupt keine Lust dazu.«

**Je besser Sie mit Ihrem »Beziehungsohr« (siehe Seite 80) hören, umso einfacher fällt es Ihnen, Konflikte zu entschärfen.**

### Die Ebene wechseln

Die unsachliche Kritik von Paul ist natürlich in keiner Weise gerechtfertigt. Aber da Anna erst gar nicht versucht, sich und ihre handwerklichen Fähigkeiten zu verteidigen, sondern sofort merkt, daß etwas anderes hinter seiner Kritik steckt, argumentiert sie nicht auf der Sachebene (»und ob ich das kann, das siehst Du doch«), sondern wechselt auf die Beziehungsebene:
Pauls Aussage »Das hast Du ja noch nie gemacht, das kannst Du doch gar nicht.« drückt aus, wie er zu Anna steht. Er traut ihr diese Leistung nicht zu. Ja, er vermittelt ihr: Ohne seine Hilfe wird das nichts. Was Paul eigentlich zum Ausdruck bringt, faßt Anna in Worte: »Du traust mir das nicht zu.« Dadurch wird ihm erst bewußt, daß das so nicht stimmt. Sie spricht seine Gefühle an, nicht ihre eigenen – in dieser Situation sicherlich eine entschärfende Maßnahme! Anna geht außerdem auf Pauls schlechtes Gewissen ein. Wäre sie nur in ihren eigenen Gefühlen gefangen gewesen (er läßt mich allein; er verletzt mich durch unsachliche Kritik; er ist unzuverlässig), hätte sie ihm mit Leichtigkeit eine wunderschöne Szene machen können! Doch sie spricht sein

Empfinden an: »Du fühlst Dich jetzt unter Druck gesetzt.« Dadurch wird es Paul möglich, deutlich zu machen, wie ihm gerade zumute ist. Anna erfährt auf diese Weise, was Pauls eigentliche Ziele sind (er will sich am Wochenende erholen).

## Test: Ebenen sicher erkennen

Vielleicht kamen Ihnen beim Lesen Zweifel, und Sie dachten: Auf solche Äußerungen wie die von Anna muß ich erst einmal kommen. Es gehört schon ein bißchen Übung dazu, die Ebenen im Gespräch sicher zu erkennen und dann souverän zu wechseln. Bei folgenden Übungen können Sie testen, wie schnell es Ihnen gelingt, zu erfassen, welche Ebenen in einer einzigen Aussage stecken. Schreiben Sie in wörtlicher Rede zu den folgenden drei Situationen auf, was alles in der jeweiligen Aussage steckt und welche Antwort angemessen wäre. Gliedern Sie die Aussagen nach Sachinhalt, Beziehungsebene, Aufforderung und Selbstaussage.

---

❶ Ein Kollege steht am Kopierer und sagt zu Anna: »Es ist kein Papier mehr da.«
Was stellt der Kollege als Tatsache dar? (Sachinhalt)
Für wen hält der Kollege Anna? (Beziehungsebene)
Was möchte der Kollege erreichen? (Aufforderung)
Was sagt der Kollege über sich selbst? (Selbstaussage)

---

❷ Anna sagt zu Paul beim Abendessen: »Ich glaube, die Scheibenwaschanlage ist leer.«
Was sagt Anna objektiv aus? (Sachinhalt)
Für wen hält Anna Paul? (Beziehungsebene)
Was möchte Anna erreichen? (Aufforderung)
Was erfahren wir über Anna? (Selbstaussage)

---

❸ Anna kommt mit einer neuen Frisur zum Sport. Prompt kommentiert Ihre Tennispartnerin Helga dies mit den Worten: »Wie siehst Du denn aus?«
Welche Tatsache stellt Helga fest? (Sachinhalt)
Wie behandelt Helga Anna? (Beziehungsebene)
Was möchte Helga mit dieser Bemerkung erreichen? (Aufforderung)
Was erfahren wir über Helga? (Selbstaussage)

**TIP**

**Vielleicht fällt Ihnen selbst eine Gesprächssituation ein, mit der Sie nicht so recht umgehen konnten. Machen Sie es wie in dieser Übung: Trennen Sie Sachinhalt, Beziehungsebene, Aufforderung und Selbstaussage, und formulieren Sie passende Antworten.**

**Sie haben in jeder Situation selbst in der Hand, auf welcher Ebene Sie reagieren wollen. Sie entscheiden, auf welche Botschaft einer Mitteilung Sie eingehen, und Ihre Reaktion bestimmt auch das weitere Verhalten Ihres Gesprächspartners.**

## Lösungsvorschlag

**❶ »Es ist kein Papier mehr da.«**

**Sachinhalt:** Das Papierfach ist leer.
Geht Anna nur darauf ein, kann sie sagen: »Stimmt.«

**Beziehung:** Ich erwarte, daß meine Kollegin sich darum kümmert. Wenn ich Tatsachen benenne, soll meine Kollegin Anna entsprechend reagieren, auch ohne daß ich genau sage, was ich will. In unserer Abteilung gibt es wichtige und weniger wichtige Leute. Die Kollegin Anna kann solche einfachen Arbeiten ruhig erledigen.
Will Anna die Beziehung zum Thema machen, kann sie erwidern: »In Deinen Augen bin ich stets für den Papiernachschub verantwortlich.«

**Aufforderung:** Besorge bitte Papier. Achte bitte von selbst auf einen reibungslosen Kopiervorgang. Habe Verständnis dafür, daß ich mich nicht selbst darum kümmere.
Reagiert Anna gemäß dieser unausgesprochenen Aufforderung, kümmert sie sich rasch um das Papier und verzichtet auf irgendeinen Kommentar.

**Selbstaussage:** Es nervt mich, wenn mein Arbeitsablauf unterbrochen wird. Ich möchte einen einsatzbereiten Kopierer vorfinden. Ich erwarte, daß mir alles hingelegt wird, was ich benötige. Ich habe es nicht nötig, zu bitten.
Wenn Anna darauf eingehen will, sagt sie: »Es nervt Dich, wenn der Kopierer nicht funktioniert.«

---

**❷ »Ich glaube, die Scheibenwaschanlage ist leer.«**

**Sachinhalt:** Die Scheibenwaschanlage funktioniert nicht.
Hört Paul nur mit seinem »Sachohr«, äußert er vielleicht: »Wie wenig Wasser in so eine Scheibenwaschanlage paßt!«

**Beziehung:** Du bist der Fachmann fürs Auto, der dafür sorgen soll, daß es immer fahrtüchtig ist.
Will Paul die Beziehungsbotschaft hinterfragen, kann er das direkt ansprechen: »Ich habe den Eindruck, ich bin für Dich der Wagenpfleger vom Dienst.«

**Aufforderung:** Füll' bitte Wasser in die Waschanlage. Hab' Verständnis dafür, daß ich so etwas nicht selbst machen will. Fühle Du Dich dafür verantwortlich!

Reagiert Paul auf ihre unausgesprochene Aufforderung, füllt er einfach den Flüssigkeitsbehälter auf.
**Selbstaussage:** Ich versteh' nichts von Technik. Mir ist es wichtig, daß die Scheibenwaschanlage funktioniert. Ich finde es lästig, wenn ich merke, daß sie nicht in Ordnung ist.
Wenn Paul darauf eingehen möchte, kann er äußern: »Du traust Dir das nicht zu.« Oder: »Du hast keine Lust, das selbst zu machen.«

---

**3 »Wie siehst du denn aus?«**
**Sachinhalt:** Du siehst verändert aus.
Eine Reaktion auf dieser Ebene könnte lauten: »Ja, ich habe mir eine Sommerfrisur machen lassen.«
**Beziehung:** Du bist eine, bei der ich es mir erlauben kann, so direkt meinen Kommentar abzugeben. Du veränderst einfach Deine Frisur, ohne mich vorher zu fragen. Dabei weiß ich doch besser, was zu Dir paßt.
Anna schaltet auf die Beziehungsebene um, wenn sie sagt: »Du bist erstaunt, daß ich Dich nicht vorher gefragt habe.«
**Aufforderung:** Jetzt erkläre mir mal, was Dich dazu gebracht hat, Dir die Haare so kurz schneiden zu lassen.
Hier kann Anna berichten, wie sie auf die Idee gekommen ist und was ihr mit dieser Frisur alles vorschwebt.
**Selbstaussage:** Mir gefällt Deine neue Frisur nicht. Ich bin von Deinem neuen Äußeren so überrascht, daß ich außerstande bin, den Mund zu halten.
Anna kann erwidern: »Du findest meine Frisur unmöglich.«

TIP

**Probieren Sie in einer Alltagssituation, die sich immer von neuem wiederholt, aus, was passiert, wenn Sie auf einer anderen Ebene reagieren.**

## Aussage mit und ohne Angriff

Sie finden hier eine Liste von gängigen Aussagen und wie diese auf den Gesprächspartner wirken können. Wenn Sie statt der Aussagen links die Formulierungsvorschläge in der rechten Spalte ausprobieren, werden Sie sehen, daß Sie damit wahrscheinlich schneller zum Ziel kommen.

| Aussage mit Angriff auf der Beziehungsebene | Wirkung auf den Gesprächspartner | Aussage ohne Angriff |
|---|---|---|
| Damit ich mich nicht wiederholen muß, ... | Sind wir hier in der Schule? | (Ersatzlos streichen) |
| Das habe ich nicht gemeint! | Da wäre ich ja nie drauf gekommen. | Ich meine ... |
| Sie müssen Folgendes beachten ... | Ich muß gar nichts! | Bitte beachten Sie ... |
| Sie sind auf dem Holzweg! | Sie auch! | (Ersatzlos streichen) |
| Da haben Sie mich falsch verstanden. | Bin ich ein Trottel? | Da habe ich mich falsch ausgedrückt. |
| Da muß ich Sie korrigieren. | Ach ja? Was habe ich denn falsch gemacht? | Aus meiner Sicht ... |
| Das ist doch logisch. | Heißt das, daß ich unlogisch argumentiere? | Ich sehe das folgendermaßen ... |
| Ungeachtet dieser Tatsache ... | So ein Umstandskrämer! | (Ersatzlos streichen) |
| Das ist mir egal. | Mir auch. | Bitte entscheiden Sie. |
| In der Theorie haben Sie recht, aber ... | Das sagt der mir als Praktiker? | Ich verstehe noch nicht, wie ... |
| Das entspricht nicht den Tatsachen. | Ich lüge also? | Das höre ich zum ersten Mal. |
| Ganz einfach. | Meine Güte, bin ich dumm. | Mein Lösungsvorschlag ist ... |

# Andere motivieren

**In vielen Bereichen geht es darum, andere dazu zu bringen, bestimmte Leistungen zu erzielen, sie zu bestimmten Handlungen zu motivieren. Eltern wollen ihre Kinder motivieren, Lehrer ihre Schüler, der Freund seine Freundin, die Frau ihren Mann und der Chef seine Angestellten. Doch was motiviert uns, und wie motivieren wir andere?**

**Motivation heißt übersetzt:**
- **etwas in Bewegung setzen**
- **jemanden anregen zu etwas**

**Und »Motiv« bedeutet: Triebkraft, Ansporn.**

## Falsche Motive

Viele Menschen verstehen unter Motivation: Wer etwas leistet, bekommt dafür etwas. Es wird also eine Belohnung in Aussicht gestellt.
Klassische Beispiele dafür sind Prämien, Vergünstigungen, Gehaltserhöhungen oder eine Beförderung im Beruf.
Aber auch im privaten Bereich wird dauernd motiviert: Kinder sollen gute Noten nach Hause bringen, um als Gegenleistung fünf Mark zu bekommen; der Teenager soll sein Zimmer aufräumen, damit er ausgehen darf; der Partner soll Karriere machen, um den Lebensstandard zu erhöhen.
All diese Formen der Motivation gehen davon aus, daß der andere nicht bereit ist, sich freiwillig für ein Ziel einzusetzen. Anders ausgedrückt: Wer auf diese Weise jemanden motiviert, versucht zu manipulieren! Und wer manipuliert, will den anderen steuern – in seine Richtung. Die Absicht, die dahintersteckt, ist nicht die Belohnung für den anderen, sondern das eigene Ziel. Wie wenig dauerhaft diese Form der Motivation wirkt, läßt sich immer wieder feststellen, sobald die Belohnung ausbleibt: sofort wird wieder das unerwünschte Verhalten an den Tag gelegt.

## Richtige Motive

Um selbst wirklich motiviert zu sein, brauchen wir ein Ziel, für das sich die Mühe lohnt!
Wenn Sie also andere motivieren wollen, heißt das, sie anregen, ihnen ein Ziel vor Augen führen, das so attraktiv ist, daß sie von sich aus Lust dazu bekommen, es aus eigener Kraft erreichen zu wollen.

**Wenn Sie selbst begeistert sind, brauchen Sie andere nicht zu einer Aufgabe zu überreden. Ihr Auftreten spricht für sich. Die Einstellung »Ich mache das gerne, und ich schaffe das« trägt mehr zur Motivation von anderen bei als jeder materielle Anreiz.**

Emotional intelligente Menschen haben die Fähigkeit, zu führen, zu leiten und andere zur Selbstmotivation anzuregen. Welche Fähigkeiten brauchen Sie dafür?
Fragen Sie sich doch einmal selbst, was Sie dazu bringt, mit großem Einsatz und einem innerlichen »ich will« eine Aufgabe zu erledigen.
Hier sind nur einige Motive, die auf viele Menschen anziehend wirken:

- Wen es beispielsweise reizt, seine Arbeit ganz auf sich gestellt und selbständig zu gestalten, den motiviert es sehr, wenn ihm ein »Einzelkämpferposten« in Aussicht gestellt wird. Dort kann er seine Aufgabe völlig eigenverantwortlich abwickeln.
- Auf einen anderen kann gerade dies abschreckend wirken. Wer ungern alleine arbeitet oder sich schwer tut, Verantwortung für einen Arbeitsschritt zu übernehmen, läßt sich dadurch motivieren, daß ihm die Möglichkeit geboten wird, etwas im Team zu bewerkstelligen.

Wieder andere Menschen fühlen sich durch folgende Ziele motiviert:

- Zutrauen zu ihren Fähigkeiten.
- Anerkennung und Bestätigung.
- Freude an der Arbeit.
- Das »Urhebererlebnis« (aus eigener Kraft etwas bewirken oder gestalten).
- Freiheit bei der Entscheidung.

Diese Ziele können anspornen, Energie geben und über Hürden hinweghelfen!

## Zutrauen zeigen und bestätigen

Solange jemand seine Möglichkeiten und Fähigkeiten unterschätzt, ist er nicht in der Lage, sich mit Einsatz an eine Sache zu wagen. Er fühlt sich der Aufgabe nicht gewachsen. Manchmal fehlen einfach gute Erfahrungen, ein andermal vielleicht nur positive Rückmeldungen, ein konkretes Lob, eine aufmunternde Anerkennung.
Finden Sie Argumente, warum Sie einem anderen Menschen etwas zutrauen, machen Sie ihm Mut. Möglicherweise sieht er dann noch weitere Gründe, in Zukunft mehr auf sich zu bauen, und sein Selbstvertrauen wächst.

Indem sich Kollegen gegenseitig anerkennen und vertrauen, schaffen sie die Basis für Engagement und Erfolg.

Motive, die von innen kommen, sind stärker als jeder Ansporn von außen. Sie motivieren am stärksten, wenn Sie sich in den anderen hineinversetzen können und erkennen, wodurch er Freude und Bestätigung erfährt.

**Freude an der Arbeit**

Jeder, der etwas tun soll, bei dem er weder Freude empfindet noch eine Möglichkeit zur Befriedigung seiner Bedürfnisse sieht, der wird sich vielleicht mit ernstem Gesicht an eine ernste Sache machen – aber ist er motiviert?
Wenn Sie jemanden für eine Aufgabe motivieren wollen, ist es also wichtig, daß Sie für eine entsprechende Atmosphäre sorgen: Freundlichkeit, Respekt und Anteilnahme schaffen ein Arbeitsklima, in dem sich jeder wohl fühlt. Plötzlich geht der andere optimistisch und schwungvoll an seine Arbeit und führt sie mit großem Einsatz aus.

**Vielleicht können Sie aus Ihrer eigenen Schulzeit bestätigen, was zahlreiche Untersuchungen belegt haben: Den größten Lernerfolg haben Schüler bei Lehrern, die mit Begeisterung unterrichten.**

**Selbständigkeit im Team**

Wer frei entscheiden kann, was er macht und wie er es macht, übernimmt Verantwortung.
Selbständigkeit muß aber nicht bedeuten, etwas ganz alleine zu machen. Die meisten von uns sind keine Einzelkämpfer. Das Gespräch und der Austausch mit anderen sind ein tief verwurzeltes Bedürfnis. Ob in der Familie, in der Partnerschaft oder im Team: Auch wenn jeder selbständig und unabhängig arbeitet, ist es wichtig, daß alle Gemeinsamkeit herstellen, indem sie miteinander reden, sich gegenseitig informieren und einander unterstützen.

**Begeisterung reißt mit**

Das Mitreißendste allerdings ist Begeisterung. Wer in der Lage ist, sich selbst für eine Sache, eine Person oder eine Idee zu begeistern, der zieht andere mit. Dieses Gefühl hat Beispielcharakter. Wer mit Freude und Elan an eine Sache geht, der hat eine so positive Ausstrahlung, daß andere auch gerne an diesem Hochgefühl teilhaben wollen.

# Eigene Fähigkeiten verbessern

Schritt für Schritt
können Sie Ihr
Verhalten ändern und
Ihre emotionalen
Fähigkeiten entwickeln,
weil Sie wissen, wie Sie
Stolpersteinen und
Verhaltensfallen aus
dem Weg gehen.

# Botschaften, die Ihr Leben bestimmen

**Sie können Ihre Fähigkeiten im Umgang mit sich und anderen noch verbessern – auch wenn dies eine schwierige Aufgabe ist. Der erste Schritt in diese Richtung ist, sich zu fragen, welche Denkweisen Veränderungen in Ihrem Verhalten so schwierig machen oder gar verhindern.**

## Übernommene Botschaften hinterfragen

Die meisten Verhaltensmuster haben Sie schon in frühester Kindheit gelernt. Mit welchen Augen Ihre Eltern die Welt sahen, hat Ihre spätere Grundeinstellung zum Leben geprägt: Ob Sie zum Beispiel anderen Menschen eher mißtrauen oder vertrauen, ob Sie Ihre Gefühle verstecken oder zeigen können, ob Sie Schwierigkeiten lieber aus dem Weg gehen oder Probleme anpacken: Diese Einstellungen haben Sie sich häufig angeeignet, ohne sie jemals an der Wirklichkeit zu überprüfen. Die wenigsten Menschen machen sich bewußt, wie viel sie von ihren »Vorbildern« aus der Familie übernommen haben. Sie können aber hinterfragen, durch was Sie Ihr Handeln bestimmen lassen.

**»Die meisten von uns hören die meiste Zeit nicht auf sich, sondern auf die verinnerlichten Stimmen von Papa und Mama oder auf die Stimme des Establishments, der Älteren, der Autorität oder der Tradition.«**
**Abraham Maslow, amerikanischer Psychologe**

### Einige typische »Botschaften«

- Bleib' sachlich!
- Sei stark!
- Mach' es allen recht!
- Streng' Dich an!
- Sei perfekt!
- Trau' keinem Fremden!
- Nimm' Dich zurück!
- Frag' nicht so viel!
- Beiß' die Zähne zusammen!
- Sei doch nicht so neugierig!
- Dazu bist Du zu jung (zu alt).
- Der Lehrer (Vater, Mutter, Richter, jede Autorität) hat immer recht!
- Über Geld (Eheprobleme, Sexualität, Erziehungsschwierigkeiten) spricht man nicht!
- Nur wenn Du etwas leistest, bist Du in Ordnung.
- Stell' Dich nicht immer in den Vordergrund!
- Du heiratest sowieso.

**Kinder orientieren sich immer an ihren Eltern und übernehmen viele Verhaltensmuster von ihnen.**

Solche Denkweisen sind mitverantwortlich für die Art und Weise, wie Sie sich selbst wahrnehmen und verhalten, wie Sie andere einschätzen und mit ihnen umgehen. Manche können zu unumstößlichen Grundüberzeugungen werden:

- Wenn man sich richtig liebt, gibt es niemals Streit.
- Wenn ich etwas mache, dann mache ich es perfekt.
- Wenn man eine Sache anfängt, dann muß man sie auch zu Ende führen.
- Wenn jemand Probleme hat, dann muß mich das auch betreffen, und ich muß bestürzt sein.
- Ein Unglück kommt immer von außen, und ich kann nichts dagegen tun.
- Meine Vergangenheit bestimmt mein weiteres Leben, weil man seine Erinnerungen immer mit sich herumträgt.

TIP

**Notieren Sie auf einem großen Blatt, welche Botschaften Sie mit sich herumtragen. Welche erleben Sie als hilfreich, und welche empfinden Sie als »Bremsklötze«?**

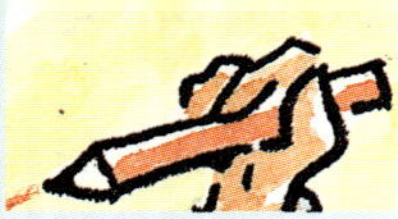



**Emotional intelligente Menschen betrachten ihr Leben als fortlaufende Entwicklung. Sie sind in der Lage, mit ihrer Unvollkommenheit zu leben. Denn jede Situation ist unvollkommen und es kommt darauf an, was wir im einzelnen Fall daraus machen.**

## Botschaften hinterfragen

Mit diesen Gedanken läßt sich jedes Leben als Tragödie gestalten! Deshalb lohnt es sich, jeden einzelnen dieser Sätze auf Ausnahmen hin zu untersuchen. Vielleicht entdecken Sie, daß die Ausnahmen eigentlich die Regel sind und folglich das Gegenteil zutrifft:

- Ich kann lieben und mich streiten. Ja, ich streite überhaupt nur mit Menschen, die mir sehr wichtig sind.
- Ich kann sehr wohl vor mir bestehen, wenn ich von mir selbst enttäuscht bin. Meine zarten und schwachen Seiten gehören auch zu mir.
- Ich kann mich auch für etwas engagieren, ohne es zum Abschluß zu bringen. Ich habe viel Spaß am Ausprobieren.
- Ich kann nicht alle Probleme der Welt lösen. Wenn ich meinen Beziehungen, Aufgaben und mir selbst gerecht werden will, muß ich auch Grenzen ziehen.
- Ich bin in vielen Situationen selbst für meine Gefühle und mein Glück verantwortlich.
- Es liegt in meiner Hand, mich an die Erfahrungen zu erinnern, die mich zuversichtlich stimmen und mir Mut machen.

## Überholte Botschaften sind Ballast

Bei dem folgenden Test können Sie überprüfen, wie stark Botschaften und Grundeinstellungen Ihr Leben bestimmen. Viele dieser Sätze haben Sie sicher schon unzählige Male gehört und irgendwann auch übernommen, ohne jemals zu überprüfen, ob sie auch der Wahrheit entsprechen. Sie können diese Botschaften als Ballast weiterhin mit durchs Leben tragen – oder aber diese Last abwerfen: Weil Sie heute beschließen, Ihre Zukunft selbst zu gestalten.
Wenn Sie jede der folgenden Aussagen ehrlich beantworten, erhalten Sie einen Eindruck davon, wie Sie über sich und Ihre Möglichkeiten denken.
Je nachdem, ob und wie sehr eine Aussage auf Sie zutrifft, kreuzen Sie eine Punktezahl auf der Skala von 1 (stimmt nicht) bis 4 (stimmt vollkommen) an.

## Test: Welche Botschaften trage ich mit mir herum?

| | stimmt nicht 1 | stimmt manchmal 2 | stimmt meistens 3 | stimmt vollkommen 4 |
|---|---|---|---|---|
| 1 Wenn der Straßenverkehr mich daran hindert, pünktlich zu sein, bemühe ich mich, trotzdem ruhig zu bleiben. | | | | |
| 2 Es wäre von Vorteil, wenn ich mich besser ausdrücken könnte. | | | | |
| 3 Ich bin der Meinung, daß ich mein Leben gut regeln kann. | | | | |
| 4 Ich bin gezwungen, mein Leben nach den Vorschriften, Forderungen und Erwartungen anderer auszurichten. | | | | |
| 5 Die Umstände in meinem Leben machen mich oft deprimiert. | | | | |
| 6 Ich bin überzeugt, daß vieles, was in meinem Leben geschieht, dem Zufall überlassen ist. | | | | |
| 7 Ich bin zufrieden, wie sich mein Leben entwickelt, und ich glaube, daß ich meine Zeit optimal nutze. | | | | |
| 8 Ich gäbe etwas darum, meinen ganzen alltäglichen Streß zu reduzieren. | | | | |
| 9 Ich glaube, daß die meisten Menschen mich mögen und gern mit mir zusammen sind. | | | | |

| | stimmt nicht 1 | stimmt manchmal 2 | stimmt meistens 3 | stimmt vollkommen 4 |
|---|---|---|---|---|
| ⑩ Ich glaube, daß ich gute Ideen habe und daß andere an meiner Meinung interessiert sind. | | | | |
| ⑪ Ich habe das Gefühl, daß das, was in meinem Leben passiert, von mir abhängt. | | | | |
| ⑫ Ich halte mich nicht gerade für zuversichtlich; oft fühle ich mich unsicher. | | | | |
| ⑬ Ich trete den Gefühlen, die mir entgegengebracht werden, mit Geduld und Verständnis gegenüber. | | | | |
| ⑭ Ich wäre gern ein guter Zuhörer. | | | | |
| ⑮ Ich wünsche mir, daß ich die Kontrolle darüber habe, was mit meiner Arbeit geschieht. | | | | |
| ⑯ Meine Gefühle können mich ganz unvermittelt überfallen. | | | | |
| ⑰ Mißerfolge hindern mich daran, meine Arbeit zu bewältigen und meine Ziele zu erreichen. | | | | |
| ⑱ Um meine Ziele zu erreichen, hätte ich gern mehr Energie. | | | | |

## Auswertung

**Tragen Sie die Punktzahl zu den Fragen ein und notieren Sie die einzelnen Summen.**

**A-Verhalten**

| Frage | Punkte |
|---|---|
| 4 | |
| 5 | |
| 6 | |
| 12 | |
| 16 | |
| 17 | |
| Summe: | |

**B-Verhalten**

| Frage | Punkte |
|---|---|
| 1 | |
| 2 | |
| 8 | |
| 14 | |
| 15 | |
| 18 | |
| Summe: | |

**C-Verhalten**

| Frage | Punkte |
|---|---|
| 3 | |
| 7 | |
| 9 | |
| 10 | |
| 11 | |
| 13 | |
| Summe: | |

**A-Verhalten**

Unter den drei Kategorien haben Sie die höchste Punktzahl in Kategorie A. Dies deutet darauf hin, daß es Ihnen schwer fällt, sich selbst zu kontrollieren. Alle Testaussagen dieser Rubrik drücken Überzeugungen und Wertvorstellungen aus, die Sie womöglich daran hindern, die vielen Chancen zu ergreifen, die das Leben für Sie bereithält. Wollen Sie betonen, was Sie alles nicht können, was sich nicht erreichen läßt, was nicht klappen wird – und Ihrem Leben passiv begegnen?

**B-Verhalten**

Die höchste Punktzahl in Kategorie B deutet darauf hin, daß Sie Ihr Leben noch nicht in dem Maße selbst bestimmen, wie Sie es könnten. Sie nennen zwar Zielvorstellungen, aber meistens bleibt es beim Wunsch. Sie trauen sich noch zu wenig zu und sind manchmal unsicher, ob Sie die alltäglichen Anforderungen aus eigener Kraft meistern.

**C-Verhalten**

Haben Sie Ihre höchste Punktzahl in Kategorie C, zeigen Sie Selbstvertrauen und die Fähigkeit, Ihr Leben selbst zu gestalten. Die positive Grundidee der Testaussagen, die Sie angekreuzt haben, zeugt von einem starken Glauben an sich selbst. Ihr Verhalten ist gekennzeichnet durch Selbstbestimmung, Selbstkontrolle und Selbstverantwortung.

Wenn Sie noch einmal Ihre Antworten durchgehen, können Sie prüfen, wieweit Sie diese Art von Selbstgespräch auch aus anderen Bereichen bei sich kennen. Diese Aussagen verdeutlichen Ihnen, wie selbstbestimmt Sie Ihr Leben gestalten.
Sie können die Auswertung auch dazu nutzen, die Aussagen so anzukreuzen, daß Sie bei C alle 24 möglichen Punkte erhalten. Prüfen Sie dann für jede Aussage, wie Sie umfassende Verantwortung für Ihr weiteres Leben übernehmen können.

# Alte Verhaltensmuster neu bewerten

**Nicht nur in bezug auf uns selbst, auch im Umgang mit anderen legen wir eine Reihe von Verhaltensmustern an den Tag, die wir verinnerlicht haben. Übernommene Ansichten sollen uns helfen, Entscheidungen zu treffen. Oder wir verallgemeinern Erfahrungen, die wir in speziellen Situationen und mit bestimmten Menschen gewonnen haben, und machen sie damit zu unumstößlichen Regeln.**

TIP

**Besinnen Sie sich auf den letzten größeren Konflikt, den Sie erlebt haben. Schreiben Sie auf, welche Auswirkungen er auf Sie hatte. Erkennen Sie ein Verhalten, das Sie oft wiederholen? Wollen Sie in Zukunft ähnlich reagieren? Welche Möglichkeiten haben Sie, anders zu reagieren?**

## Verhalten ist oft Gewohnheit

Es gibt Verhaltensmuster, die ganz automatisch ablaufen:

- Auf Kritik folgt Rechtfertigung oder Gegenangriff.
- Streit mit dem Partner endet mit Tränen.
- Konflikte mit den Kindern führen zu Verboten.
- In Streßsituationen wird das Chaos nur größer, und es sammelt sich noch mehr Arbeit an.
- Bei Liebeskummer spendet der Kühlschrank Trost.
- Krach mit den Eltern zieht einen vierwöchigen Besuchsboykott nach sich.
- Auf Meinungsverschiedenheiten und nach einem Streit folgt eine Verweigerungshaltung (im Beruf gegenüber Chef oder Kollegen genauso wie privat beispielsweise im Bett).

Schauen wir uns wieder einmal an, wie Paul und Anna miteinander umgehen:
Die beiden haben Hochzeitstag. Beim Frühstück vereinbaren sie, abends ins Theater zu gehen. Anna freut sich sehr auf den gemeinsamen Theaterbesuch. Es gelingt ihr, noch zwei gute Theaterkarten zu bekommen. Sie geht extra zum Friseur und macht sich für den Abend chic.
Doch erst kurz nach acht kommt Paul nach Hause. Sie ist wütend. Als Paul wie immer fröhlich pfeifend ins Wohnzimmer kommt, platzt Anna der Kragen:
»Du bist ein ganz gemeiner Egoist. Du denkst nur an Dich und Deine blöde Karriere.«

**Wenn Konflikte nicht befriedigend bewältigt werden, wirken sie sich negativ auf die eigene Einstellung aus. Ob Sie einen Mißerfolg erwarten oder optimistisch sind, wird durch Ihre Erfahrungen geprägt. Und welche Erfahrungen Sie zukünftig machen, bestimmen Sie selbst mit.**

**Schuld sind immer die anderen**

Viele Menschen reagieren auf Angriff und Kritik ganz automatisch mit Verteidigung:

Paul: »Du, ich kann nichts dafür, wir hatten noch eine wichtige Besprechung, und Du weißt ja, was der Chef sich in den Kopf gesetzt hat, das müssen wir ausbaden.«

Wer sich rechtfertigt oder Ausreden benutzt, stellt sich als Opfer dar. Denn eine Ausrede besagt, daß man sich für das, was geschehen ist, nicht verantwortlich fühlt: Wie oft mußten Sie schon die folgenden Sätze hören! Gemeinsam ist ihnen allen, daß sie anderen die Verantwortung in die Schuhe schieben:

- Da kann ich doch nichts dafür.
- Das ist nicht meine Schuld.
- Ich kann eben nicht aus meiner Haut.
- Darauf habe ich keinen Einfluß.
- Das ist nicht meine Sache.
- Mich müßt Ihr da nicht fragen.
- Tut mir leid, ich bin eben so.
- Ich würde ja gerne, aber in meinem Alter ...
- Ich kann mich nicht um alles kümmern.
- Dafür hatte ich wirklich keine Zeit.
- Schließlich hatte ich noch Wichtigeres zu tun.

**Konflikte sind häufig mit Aggressionen verbunden – aber der Begriff »Aggression« hat nicht nur eine negative Bedeutung: Er stammt aus dem Lateinischen und heißt übersetzt »auf jemanden oder etwas losgehen«, wobei dies feindliche wie friedliche Absichten beinhaltet.**

### Immer schön sachlich bleiben!

Aus Angst vor Gefühlen neigen viele dazu, bei Konflikten bevorzugt ihr »Sachohr« einzusetzen. Weil Konflikte häufig mit Aggressionen und unangenehmen Empfindungen verbunden sind, dient betonte Sachlichkeit zum Selbstschutz, zur Vermeidung allzu großer Nähe:
Paul: »Nun beruhige Dich doch, wir können ja statt dessen ins Kino gehen.« Oder: »Ich mach' Dir einen Vorschlag: Ich führe Dich jetzt ganz fein zum Essen aus, und wir machen uns noch einen tollen Abend.«
Anna wird vielleicht zustimmen, aber trotzdem weiterschmollen. Sie fühlt sich einfach nicht verstanden.
Wenn Paul jedoch spürt, daß Annas emotionale Explosion zeigt, wie wichtig ihr der geplante Abend war, kann er sich auch völlig anders verhalten. Trotz des massiven Vorwurfs (gemeiner Egoist) kann er auch hören, was Anna über sich selbst sagt. Da Paul mittlerweile gelernt hat, sein Ohr für Selbstmitteilungen zu schulen, kann er auf das eingehen, was Anna im Moment wichtig ist:
Paul: »Du bist stocksauer, daß ich Dich stundenlang warten lasse. Mir wird gerade klar, wie sehr Dich das kränken muß, wenn ich meinen Beruf so wichtig nehme – selbst an einem Abend wie heute.«
Anna: »Ja, ich komme mir vor wie bestellt und nicht abgeholt. Das macht mich wütend. Aber ich habe jetzt keine Lust, mit Dir zu streiten. Laß' uns bitte bei einem Glas Wein darüber reden.«

### Vom emotionalen Konflikt zur ruhigen Diskussion

Natürlich ist die Situation damit nicht bereinigt. Doch Paul hat den Abend insoweit gerettet, daß Anna nicht länger zeigen muß, wie unverstanden sie sich fühlt. Sie können sich leicht ausmalen, daß die beiden nach diesem Gesprächseinstieg ein Ergebnis erzielen, wie sie in Zukunft aufeinander Rücksicht nehmen wollen. Diese Lösung des Konflikts hat aber noch ganz andere Folgen: Paul erfährt in dieser Situation auch, daß er emotional aufgeladenen Situationen gewachsen ist. Auch wenn Konflikte noch so unangenehm sind, kann er ihnen zuversichtlich begegnen, weil er weiß, wieviel er selbst zur Entspannung beitragen kann.

## Wer stur ist, kommt nicht zum Ziel

Wenn Sie sich anders verhalten, etwas Neues ausprobieren wollen, geraten Sie vermutlich schnell in Konflikt mit Ihren Gewohnheiten. Viele Menschen halten beharrlich an ihren Handlungsmustern fest und sind überzeugt, sich richtig zu verhalten. Sogar wenn der Erfolg ausbleibt, ist die Meinung weit verbreitet, daß die bloße Wiederholung schließlich zum Erfolg führen muß. Und wenn auch das nichts bringt, dann hilft nur noch die Wiederholung mit doppeltem Energieeinsatz. Was an solchem Verhalten so nachdenklich stimmt, ist die Überzeugung, daß stets die anderen die Schuld für den Mißerfolg tragen:

- Wenn Verbote nichts bewirken, dann ist die »Jugend von heute« eben aufsässig.
- Die dürftige Resonanz auf einen Vortrag liegt am mangelnden Interesse seitens des Publikums.
- Der Lehrer ist Schuld, wenn man durch eine Prüfung gefallen ist.
- Scheitert eine Bewerbung, dann liegt es an den unsensiblen Leuten der Personalabteilung, die nicht in der Lage sind, die ganz persönlichen Stärken des Bewerbers zu erkennen oder Sie falsch einschätzen.

**Es gibt zwei Arten, Schwierigkeiten zu begegnen: Entweder Sie ändern die Schwierigkeiten, oder Sie ändern sich und begegnen ihnen nicht mehr.**

## Aus Mißerfolgen Schlüsse ziehen

Wer Erfolg haben will, lernt aus jedem Mißerfolg und schließt daraus: »Jetzt weiß ich, wie es nicht funktioniert, also muß ich mir etwas anderes einfallen lassen, um mein Ziel zu erreichen.«

- Eltern können sich überlegen, wie sie mit Erklärungen ihre Ziele erreichen konnen, anstatt ihre Kinder durch Verbote zu zwingen.
- Wer oft vor großem Publikum spricht, kann darüber nachdenken, wie er es anstellt, möglichst viele Menschen zu interessieren.
- Wer durch die Prüfung gefallen ist, kann mit dem Lehrer reden, um zu klären, was er tun muß, um beim nächsten Mal durchzukommen.
- Wer seine Bewerbungsunterlagen zurückerhält, sollte sich intensiv damit beschäftigen, was er bei der nächsten Bewerbung anders machen will.

## Fallen für Ihr Verhalten

Manche Menschen stolpern mit ihrem Verhalten immer wieder in dieselben »Fallen«. Sollten Sie sich in irgendeiner der anschließend geschilderten wiederfinden, können Sie klären, welchen Nutzen diese Falle für Sie noch hat.

### Falle Nummer 1: Kritik haut mich immer um!

Wenn Sie sich Kritik so zu Herzen nehmen, daß Sie nicht mehr erkennen, was der sachliche Kern ist, fühlen Sie sich im Innersten getroffen und verletzt. Spontane Verhaltensmuster sind dann: Rechtfertigung, Gegenangriff, Rückzug, Leugnen, Verteidigung. Diese Reaktionen verhindern sowohl die sachliche als auch die emotionale Auseinandersetzung mit der Kritik. Solange Sie dem anderen die Möglichkeit bieten, Ihr Selbstwertgefühl zu treffen, haben Sie nicht den Kopf dafür frei, wie Sie das Problem lösen, den Schaden begrenzen oder den Vorfall bereinigen können. Manchmal hilft es zu überlegen, wie wichtig Ihnen derjenige ist, der Sie gerade so heftig kritisiert. Sie können sich fragen, was Ihnen die wohlwollende Beurteilung gerade von diesem Menschen bedeutet. So bekommen Sie wohltuende Distanz zu Ihren verletzten Gefühlen. Sie können sich auch fragen, was Sie unternehmen können, um eine positive Bewertung zu erreichen. Sind die Forderungen erfüllbar, haben Sie etwas gelernt. Sind die Forderungen jedoch nicht erfüllbar, hat sich der andere lächerlich gemacht. Das entlastet Ihre angegriffenen Gefühle.

**!**

**Das Helfersyndrom ist nicht zu verwechseln mit Hilfsbereitschaft. Hilfsbereitschaft ist so lange in Ordnung, wie Sie sich selbst nicht überfordern und sich von anderen nicht ausgenützt fühlen. Sie selbst ziehen die Grenzen.**

### Falle Nummer 2: Das Helfersyndrom

Sie sind beliebt, engagiert, denken mit und haben Ideen. Dann sind Sie die nahezu ideale Persönlichkeit, die retten, helfen, pflegen, organisieren, ein Amt übernehmen oder »nur mal kurz einspringen« kann. Jeder Verein lebt von solchen Helfern, jede Elternversammlung in der Schule, die Familie, der überlastete Chef oder Kollege, die Nachbarschaft und alle Bereiche, die mit ehrenamtlicher Tätigkeit verbunden sind. Ob eine Zusatzbelastung für Sie tragbar ist, steht nicht zur Diskussion. Alle werden froh sein, wenn sich wieder mal jemand findet, dem man eine Aufgabe oder ein Amt übertragen kann.

Wenn Sie sich sofort rechtfertigen, nehmen Sie Kritik zu persönlich. Eine sachliches Gespräch wird dadurch erschwert.

TIP

**Wenn Sie sehr empfindlich auf Kritik reagieren, können Sie sich angewöhnen, zuerst einmal mit Ihren eigenen Worten den sachlichen Inhalt zu wiederholen. Damit schützen Sie sich, wenn Sie sich angegriffen fühlen, vor Verletzungen.**

**Werden sie »wohlhabend«, indem Sie sich täglich darüber klar werden, über was Sie alles verfügen.**

Wenn Sie eine Aufgabe übernehmen, haben Sie das Ziel, diese gut zu erledigen. Sind Sie auch bereit, Ihr »Ziel hinter dem Ziel« zu benennen? Sie können sich fragen:
Wie wichtig ist mir das Gefühl, gebraucht zu werden? Stärkt es mein Selbstwertgefühl, wenn ich meine Kompetenz unter Beweis stellen kann? Brauche ich dafür immer »Schwächere«? Bewahrt mich mein zeitintensiver Einsatz vor ungeliebten Pflichten?
Zugegeben, es fällt schwer, solche Aufgaben abzulehnen! Aber: Gibt es nicht noch andere Verhaltensweisen, mit denen Sie ähnliche Erfolge erzielen können, die aber nicht immer zu Ihren Lasten gehen und so viel von Ihrer Kraft abziehen? Was würde im schlimmsten Fall passieren, wenn Sie einmal nicht »Ja« sagen würden? Wenn Sie »Nein« sagen, entdecken Sie womöglich ganz andere Vorteile: Sie haben plötzlich Zeit!

**Falle Nummer 3: Hilfe, ich komme zu kurz!**

Wenn Sie wieder einmal feststellen, daß Sie etwas nicht bekommen haben, und daß andere scheinbar mühelos ihre Ziele erreichen, dann können Gefühle von Mißgunst, Eifersucht und Neid Sie mit solcher Macht überfallen, daß Sie außerstande sind, klar zu denken.
Der Blick der Zu-kurz-Gekommenen ist entweder auf die Vergangenheit gerichtet (andere bekamen immer mehr Anerkennung, mehr Geschenke, mehr Komplimente) oder so auf die Gegenwart fixiert (Warum wird mein Kollege befördert und ich nicht? Nie bringt er mir Blumen mit! Immer kümmerst Du Dich nur um andere!), daß der Blick in die Zukunft verstellt ist.

- Versuchen Sie, an das zu denken, was Sie haben. Machen Sie sich klar, was Sie alles besitzen (Gesundheit, ein schöner Traum, Freude an der Arbeit ...).
- Vergleichen Sie sich mit sich selbst: Wenn Sie Ihre heutigen Leistungen an dem messen, was Sie vor einem Jahr konnten, werden Sie über Ihre Fortschritte vielleicht staunen.
- Erinnern und konzentrieren Sie sich auf positive »innere Bilder«. Das sind Erinnerungen, bei denen Sie immer wieder Stolz spüren, sobald Sie daran denken. Verabschieden Sie sich von überhöhten Ansprüchen.

Wir können vom Fuchs aus der Fabel lernen:
Als er merkte, daß die süßen Trauben für ihn nicht zu erreichen waren, gab er seine Vorstellungen davon auf. Er half sich, indem er sie neu bewertete. Plötzlich waren die Trauben nicht mehr zu hoch, sondern zu sauer. Für den Fuchs erübrigte sich damit jedes weitere Bemühen, die Trauben zu bekommen.

**Falle Nummer 4: Blind vor Wut**
Wenn Sie ständig die Kontrolle über Ihre Gefühle verlieren, nähren Sie Gedanken, die Ihre Gefühle erst recht anheizen. So kommt es dann, daß Sie den Verstand verlieren, hemmungslos werden, aufbrausen, unzurechnungsfähig sind. Aufbrausende Gefühle lassen sich abbremsen, sobald Sie sich innerlich sagen: »Aha, jetzt kommt wieder dein Spezialausbruch.« Oder: »Achtung, Wutanfall im Anmarsch!« Souveräne Menschen reagieren zwar genauso wütend wie andere, sie haben sich aber eine Hilfskonstruktion geschaffen, indem sie sich im Zustand der Erregung fragen:
- Was empfinde ich jetzt?
- Wie kann ich dieses Gefühl benennen?
- Was will ich statt dessen denken?

Tip

**Wer seine Gefühle bewußt wahrnimmt und darüber nachdenkt, ob er gerade Wut, Scham oder verletzte Eitelkeit in sich spürt, beherrscht die hohe Kunst der Selbstkontrolle.**

## Sind Sie neuen Situationen gewachsen?

Selbstkritisch nachdenken bedeutet, die sichere Zone des Vertrauten verlassen und Neues, Unvertrautes auszuprobieren. Um unbekannte Wege zu gehen und bewußt das Risiko eines Scheiterns in Kauf zu nehmen, brauchen Sie Mut und Selbstvertrauen.
Sobald Sie Ihre Phantasie spielen lassen, werden Ihnen eine ganze Reihe anderer Vorgehensweisen einfallen. Statt sie als unbrauchbar, spinnig oder albern abzuwerten, können Sie sich sagen: Warum nicht? Das ist eine Möglichkeit. Vielleicht sind noch weitere denkbar.
Wenn Sie neue Verhaltensweisen als Chancen sehen, könnte sich Ihr Selbstgespräch folgendermaßen fortsetzen:
- Was benötige ich, um das auszuprobieren?
- Wie sieht eine ideale Reaktion meiner Umwelt aus?
- Was kann ich dazu beitragen, damit die anderen so reagieren, wie ich mir das jetzt vorstelle?

**Ungewohnte Situationen stellen uns manchmal vor große Schwierigkeiten, weil uns Routine und Sicherheit fehlen. Sie können diese Chance ergreifen, um neue positive Erfahrungen zu sammeln.**

## Test: Verhalten in ungewohnten Situationen

**Überprüfen Sie, wie Sie sich in Situationen verhalten, die Ihnen nicht vertraut sind. Wählen Sie unter den jeweils drei beschriebenen Verhaltensvarianten die aus, die Ihrem möglichen Verhalten am nächsten kommt.**

1. Sie bleiben am frühen Abend etwa fünf Kilometer von zu Hause mit Ihrem Auto liegen. Zu Ihrem Schrecken stellen Sie fest, daß Sie nicht einmal Geld zum Telefonieren dabeihaben. Zu allem Überfluß regnet es. Was machen Sie?
   a) Sie laufen den Weg nach Hause.
   b) Sie machen sich auf die Suche nach einer Telefonzelle, und hoffen, und hoffen, jemanden mit etwas Kleingeld zu treffen.
   c) Sie klingeln am nächsten Haus und fragen, ob Sie wegen einer Autopanne Hilfe herbeitelefonieren dürfen.
2. Sie kommen auf ein Fest, wo Sie außer der Gastgeberin niemanden kennen. Wie verhalten Sie sich?
   a) Sie bemühen sich um ein Gespräch mit der Gastgeberin.
   b) Sie holen sich erst einmal etwas zu trinken und versuchen, aus einer ruhigen Ecke die Lage zu überblicken.
   c) Sie überwinden Ihre Zurückhaltung und gesellen sich zu einer Gruppe.
3. Während eines Vortrags merken Sie, daß Sie dem Redner an einer Stelle nicht folgen können. Sie verstehen einfach nicht, was er meint. Was tun Sie?
   a) Sie lassen den Vortrag über sich ergehen und hoffen, daß Sie im weiteren Verlauf doch wieder mitkommen.
   b) Sie fragen leise eine Nachbarin, was damit gemeint ist.
   c) Sie melden sich und bitten den Redner, diesen Punkt noch einmal zu erläutern.
4. Sie stellen ernüchtert fest, daß Ihr Urlaubsquartier überhaupt nicht Ihren Wünschen entspricht. Wie reagieren Sie?
   a) Sie ärgern sich über das Reisebüro, das Ihnen ausdrücklich zu dieser Unterkunft geraten hat, und beschließen, dort nie wieder zu buchen.
   b) Sie reisen zum nächstmöglichen Zeitpunkt ab.
   c) Sie erkundigen sich nach einer anderen Unterbringung, damit Sie Ihren Urlaub doch noch genießen können.

5. Im Restaurant wird Ihnen eine Suppe serviert, die man nur noch als lauwarm bezeichnen kann. Was machen Sie?
   a) Sie löffeln Ihre Suppe leer.
   b) Sie lassen die Suppe unberührt, wollen aber etwas sagen, wenn die Bedienung beim Abräumen fragt, ob es Ihnen geschmeckt hat.
   c) Sie rufen die Bedienung herbei, und bitten Sie, Ihnen eine heiße Suppe zu bringen.
6. Sie haben einen sehr wichtigen Vorstellungstermin. Kurz vorher entdecken Sie einen Kaffeefleck auf Ihrem hellen Hemd. Was unternehmen Sie?
   a) Sie wollen in jedem Fall pünktlich erscheinen und hoffen, daß der Fleck unbemerkt bleibt.
   b) Falls Ihr Gesprächspartner auf den Fleck schaut, wollen Sie ihm erklären, daß Sie beim Kaffeetrinken versehentlich angestoßen wurden.
   c) Sie rufen Ihren Gesprächspartner an, um ihm mitzuteilen, daß Sie eine viertel Stunde später kommen. Dann kaufen Sie sich im nächsten Geschäft ein neues Hemd.
7. Eine Besprechung zieht sich immer mehr in die Länge, da ein Kollege auf seinen Einwänden beharrt. Was tun Sie?
   a) Sie halten sich heraus. Soll doch jeder sehen, wie er seine Meinung durchsetzen kann.
   b) Sie machen den Kollegen darauf aufmerksam, daß alle schneller vorankommen, wenn er sich der Meinung der Mehrheit anschließt.
   c) Sie versuchen herauszufinden, weshalb der Kollege das Problem anders sieht als die Gruppe. Vielleicht haben Sie etwas übersehen oder können es aus seiner Sicht prüfen.
8. Anläßlich eines Firmenjubiläums werden Sie gebeten, bei einem kleinen Theaterstück mitzuwirken. Wie verhalten Sie sich?
   a) Sie lehnen dankend ab und erklären, daß Sie so etwas nicht können.
   b) Sie erklären sich bereit, bei der Theateraufführung als Beleuchter mitzumachen.
   c) Sie lassen sich den Text zeigen und überlegen sich, welche Rolle Sie am liebsten übernehmen wollen.

**Wenn Sie sich anders verhalten als üblich, werden Ihre Mitmenschen auch anders auf Sie reagieren.**

9 Sie sind mit dem Auto in einer fremden Stadt unterwegs und suchen eine bestimmte Adresse. Was machen Sie?
a) Sie fahren so lange herum, bis Sie finden, was Sie suchen.
b) Sie kaufen an der nächsten Tankstelle einen Stadtplan.
c) Sie lassen sich von einem Ortskundigen den Weg beschreiben und vergewissern sich, daß Sie auch alles richtig verstanden haben.

10 Auf einer Fortbildung werden Sie unvermittelt gebeten, die Vorstellungsrunde zu eröffnen. Wie verhalten Sie sich?
a) Sie stellen sich kurz mit Namen und Tätigkeit vor.
b) Sie erklären, nicht beginnen zu wollen.
c) Sie bitten darum, kurz nachdenken zu dürfen. Sie überlegen sich, was die Teilnehmer im Moment interessieren könnte.

11 Sie sind mit der Art und Weise, wie Ihr Kind im Kindergarten betreut wird, nicht einverstanden. Die Erzieherinnen scheinen sich hauptsächlich um ihre eigenen Belange zu kümmern und überlassen die Kinder öfter sich selbst. Was unternehmen Sie?
a) Sie ärgern sich und machen im Gespräch mit einer Nachbarin daraus auch keinen Hehl.
b) Sie melden Ihr Kind zum nächstmöglichen Zeitpunkt in einem anderen Kindergarten an.
c) Sie suchen zunächst das Gespräch mit den Erzieherinnen, um zu klären, ob sich an der Betreuung etwas in Ihrem Sinne ändern läßt.

**!**

**Eine ungewohnte Situation hat auch ihren Reiz: Sie haben die Möglichkeit, neue Verhaltensweisen auszuprobieren, zu denen Ihnen bisher der Mut fehlte. Gerade wenn Sie sich unbeobachtet fühlen, können Sie in eine Rolle schlüpfen, die Sie schon immer fasziniert hat.**

## Auswertung

**Wenn Sie zusammenzählen, wie oft Sie die Buchstaben A, B oder C angekreuzt haben, sehen Sie, welche Lösungen Sie bevorzugen:**

---

**A-Verhalten**

Haben Sie sich bevorzugt für A-Lösungen entschieden, dann handeln Sie aus einem starken Sicherheitsbedürfnis heraus. Sie bewegen sich gern in vertrauten Bahnen. Sie möchten niemandem zur Last fallen und versuchen, Schwierigkeiten alleine zu bewältigen.

**B-Verhalten**
Wenn Sie B-Lösungen vorziehen, hoffen Sie, Ihre Absichten auch ohne Konflikte zu verwirklichen. Sie suchen einen annehmbaren Kompromiß. Sie zeigen Initiative und Phantasie. Ihr Ziel ist es, Situationen möglichst ohne große Anstrengungen zu bewältigen.

**C-Verhalten**
Ihre Reaktionen fallen aus dem üblichen Rahmen: Wenn Sie oft C angekreuzt haben, wissen Sie, was Sie wollen! Sie strengen sich an und überwinden immer wieder Ihre Zurückhaltung, um Ihre Ziele zu erreichen. Widrigkeiten betrachten Sie als Herausforderung.

**Wenn Sie sich mit Ihren Erfahrungen beschäftigen, wenden Sie den Blick zurück in die Vergangenheit. Das, was bereits unabänderlich geschehen ist, fesselt Ihre Aufmerksamkeit. Sobald Sie Veränderungen anstreben, befassen Sie sich mit Ihren Zielen, mit der Zukunft: Sie blicken nach vorn.**

Nachdem wir Ihnen typische Hindernisse bewußt gemacht haben, zeigen wir Ihnen auf den nächsten Seiten Möglichkeiten, anderes Verhalten auszuprobieren. Dabei ist es aber wichtig zu wissen, daß über 80 Prozent der Dinge, mit denen wir uns täglich beschäftigen, Angelegenheiten betreffen, die sich außerhalb unseres Einflußbereichs befinden.
Daraus ergeben sich folgende Konsequenzen:
- Wir konzentrieren uns auf das, was wir lenken oder beeinflussen können.
- Wenn wir bei Angelegenheiten mitreden wollen, suchen wir nach Wegen, um unseren Lenkungsbereich zu erweitern.

**Womit wir uns beschäftigen**

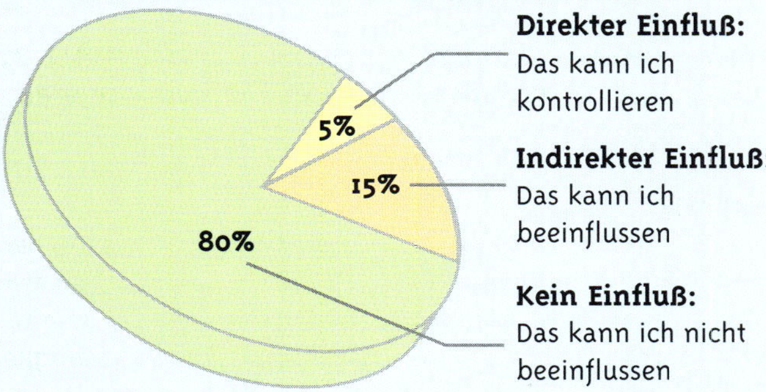

# Übungsräume für neues Verhalten

**Wenn Sie sich verändern wollen, brauchen Sie »Übungsräume«. Überlegen Sie sich Situationen und Personen, die Ihnen das Anderssein ermöglichen. Denn Sie brauchen einen Spielraum, wo Sie Wohlwollen, Interesse und Akzeptanz spüren.**

**«Eine tausend Meilen weite Reise beginnt vor Deinen Füßen.«**
**Laotse**

## So werden Wünsche zu Zielen

Als erstes können Sie sich noch einmal verdeutlichen, was Sie sich wünschen, und sich bewußt machen, daß Wünsche nicht einfach in Erfüllung gehen, sondern daß Sie selbst dazu beitragen können.

### Wunsch-Übung

Beschreiben Sie so genau wie möglich, wie Sie sich diese Wünsche erfüllen wollen. Achten Sie bei den folgenden sechs Schritten darauf, jeden Satz positiv zu formulieren:
❶ Was wollen Sie erreichen? Beschreiben Sie, wie Sie in Zukunft leben wollen.
❷ Wie soll das Ergebnis aussehen? Malen Sie sich die Situation aus, und beschreiben Sie ausführlich das angestrebte Ergebnis. Was sehen, hören, fühlen, riechen, schmecken Sie? Setzen Sie all Ihre Sinne ein, um schon jetzt zu spüren, wohin Sie kommen werden.
❸ Wie fühlen Sie sich, wenn Sie Ihr Ziel erreichen? Worin besteht der Unterschied von früher zu heute?
❹ Was erleben Sie als Erfolg? Legen Sie selbst Ihre Erfolgskriterien fest. Woran merken Sie, daß Sie Ihr Ziel erreicht haben? Stellen Sie sich vor, wie Sie dann aussehen, sich anhören, sich fühlen werden.
❺ Wann wollen Sie ankommen? Legen Sie den Zeitpunkt fest, an dem Sie strahlend feststellen werden, daß Sie genau das verwirklicht haben, was Sie sich jetzt vornehmen.
❻ Wann wollen Sie beginnen? Sie haben sich durch die vorangegangenen Schritte in eine starke und zuversichtliche

Verfassung gebracht. Planen Sie Ihren ersten Schritt, und markieren Sie damit den Anfang. Was wollen Sie bereits heute unternehmen?

Schauen wir Anna über die Schulter: Sie ist unzufrieden mit Ihrem Verhalten in kritischen Situationen. Bei Streitigkeiten mit Paul wird sie schnell zornig, laut und angriffslustig. Doch manchmal fühlt sie sich auch ohnmächtig, ihr fällt vor lauter Gekränktsein kein vernünftiges Argument mehr ein. In einer ruhigen Stunde schreibt sie sich folgendes auf:

❶ Ziel: Ich will in Konfliktsituationen meine Gefühle beherrschen können. Ich will meine eigenen Gefühle und die von Paul wahrnehmen und ansprechen. Ich will gleichzeitig die Ursache für den Streit im Auge behalten.

❷ Ergebnis: Das Ergebnis soll eine Einigung sein, bei der wir uns beide respektiert fühlen. Ich werde sehen, daß Paul

TIP

**Wenn Sie sich konkrete Ziele setzen, stellen Sie sich immer die Frage, welches Verhalten Sie verändern wollen und welches Ergebnis Sie sich wünschen.**

ernst und zugleich entspannt auf mich eingeht, ich werde hören, daß wir beide in normaler Zimmerlautstärke unsere Meinungsverschiedenheit austragen. Ich werde aufmerksam sein für alle Einzelheiten.

❸ Unterschied von früher zu heute: Ich werde mich bombig fühlen. Bei unseren bisherigen Streitgesprächen fühlte ich mich entweder unterlegen oder hatte ein schlechtes Gewissen, wenn ich Paul in die Ecke gedrängt habe. Zwischen beiden Verhaltensweisen liegen Welten.

❹ Erfolg: Ein Erfolg ist, wenn wir »die Sache« geklärt haben und uns beide wohl fühlen. Trotz aller Anstrengung werde ich gelassen sein. Meine Stimme klingt ruhig und warm. Ich fühle mich stark und gleichberechtigt und werde zukünftigem Streit zuversichtlich entgegensehen.

❺ Zeitpunkt: Ich will das können, noch ehe wir nach Griechenland reisen. Ich will diesen Urlaub genießen und die täglichen Entscheidungen, ob Strand oder Besichtigung, zur beiderseitigen Zufriedenheit treffen.

❻ Beginn: Ich beginne jetzt. Bis Paul nach Hause kommt, habe ich noch Zeit, mir zu überlegen, wie wir die Wochenendbesuche bei meiner Mutter künftig gestalten können. Dabei fällt mir auf, daß ich die gleichen Schritte nutzen kann, um für mich zu klären, wie ich die Beziehung zu meiner Mutter künftig gestalten will ...

**»Was Menschen über ihre Fähigkeiten denken, wirkt sich stark auf diese Fähigkeiten aus.«**
**Albert Bandura, amerikanischer Psychologe**

## »Partner« suchen

Emotionale Intelligenz können wir lernen, üben und ausprobieren. Da es sich dabei meist um unser Verhalten im Umgang mit anderen Menschen handelt, fällt es leichter, dieses Lernen gemeinsam zu gestalten. Suchen Sie sich Partner, mit denen Sie darüber reden können, mit denen Sie die Übungen machen können, die wir in diesem Buch aufgezeigt haben. Wahrnehmungsübungen zum Beispiel kann man gut mit anderen zusammen machen: beim Spaziergang, am Frühstückstisch, in der Kneipe oder im beruflichen Umfeld. Sie werden nach kurzer Zeit feststellen, daß sich Ihre Wahrnehmungsfähigkeit verändert. Sie lernen nicht nur besser beobachten, Sie werden auch feststellen, daß Sie sowohl bei sich selbst, als auch bei anderen viel mehr Einzelheiten im Ausdruck der Gefühle erkennen.

### Rechnen Sie mit Überraschungen

Viele Menschen haben beim Ansprechen von Gefühlen wenig Erfahrung. Hier kann es sehr hilfreich sein, mit vertrauten Menschen zu üben. Auch Ihr Partner, Ihre Freundin oder ein Kollege werden im ersten Moment vielleicht erstaunt reagieren, wenn Sie sagen: «Das macht mich wütend«, anstatt sofort Position zu beziehen. Aber es ist leichter, mit einer Person umzugehen, die ein Gefühl klar ausspricht, als mit einer heftigen Reaktion, die der andere als Angriff auffassen kann.

## Positiv Denken

Eine weitere Erleichterung für persönliches Lernen liegt im positiven Denken. Jedes Ding hat mehrere Seiten, und somit gibt es auch mehrere Möglichkeiten zu interpretieren und zu bewerten. Natürlich gehört eine große Portion Selbstbeherrschung dazu, Dinge, die Sie ärgern, die Ihnen Schwierigkeiten bereiten oder Sie verunsichern, mit wohlwollenden oder neugierigen Augen zu betrachten! Auch hierin benötigen Sie Übung.

TIP

**Beginnen Sie Ihren Tag damit, sich an fünf Ereignisse zu erinnern, die Sie gefreut haben. Dann stehen Sie mit Schwung auf und begegnen dem Tag mit Zuversicht.**

### Stille Selbstkritik statt vorschnelle Urteile

Erinnern Sie sich an Paul und Anna, die beschlossen hatten, ihre Wohnung zu renovieren. Nachdem wochenlang nichts passiert ist, denkt Anna: »Paul ist so schrecklich stur. Meine Bedürfnisse interessieren ihn überhaupt nicht. Er denkt immer nur an sich und seine blöde Karriere.«
Sie können sich ausmalen, in welch miese Verfassung sich Anna durch dieses Selbstgespräch bringt. Wenn sie darin verharrt, wird das bevorstehende Wochenende katastrophal. Doch Anna hat gelernt, ihre Verallgemeinerungen zu überprüfen, so daß sie selbstkritisch fragen kann: »Stimmt das denn, daß Paul ausnahmslos stur ist? Hat er sich noch nie für meine Bedürfnisse interessiert? Ist Paul in all den Jahren, die wir jetzt zusammen sind, durchgängig egoistisch gewesen?«
Und nun kann Anna plötzlich formulieren: »Mir stinkt es, daß Paul unseren Beschluß, die Wohnung zu renovieren, so wenig ernst nimmt. Im allgemeinen nimmt er sehr viel Rücksicht auf mich. Wenn ich gerade an meine Kopf-

TIP

**Gefühle können Sie bewußt beeinflussen: Auch wenn Sie sich sehr über jemanden geärgert haben, können Sie sich dafür entscheiden, sich an die positiven Seiten des anderen zu erinnern.**

schmerzen letzte Woche denke, da war er echt rührend. Zur Zeit nervt mich sein alles verschlingender Beruf. Aber ich erinnere mich, wie er im Frühjahr kurzentschlossen Urlaub genommen hat, obwohl es bei ihm in der Firma hoch her ging.
Es bringt mich allerdings in Rage, wie sich Paul um die Wohnungsrenovierung drückt. Ich fühle mich verflixt abhängig. Ich glaube, ich habe nur eine Möglichkeit, das zu ändern: Ich fange einfach allein an. Am besten streiche ich noch heute das Wohnzimmer.«

### Positives Denken hat viele Vorteile

Es gibt eine ganze Reihe von Aspekten, die dafür sprechen, positives Denken zu üben:

- Der kreative Aspekt: Sie entwickeln mehr Phantasie und sehen neue Möglichkeiten.

- Der Beziehungs-Aspekt: Sie schaffen ein wärmeres Klima in Ihrem Umfeld, wenn Sie anderen Wertschätzung und Verständnis signalisieren.
- Der Zeit-Aspekt: Sie sparen viel Zeit, die Sie besser in die Suche nach Lösungen investieren können.
- Der Wohlfühl-Aspekt: Sie steigern Ihre Lebensqualität um ein Vielfaches!

Diese Art zu denken ist das Gegenteil vom »Rabattmarken sammeln«: Sie geben den anderen »Vorschuß« – und verbessern dadurch das Klima in Ihren Beziehungen, im Arbeitsumfeld und in ganz banalen Alltagssituationen.

## Belohnung muß sein!

Wenn es Ihnen gelingt, Ihre Fähigkeiten zu verbessern, wenn Sie Ihrem Ziel einen Schritt näher gekommen sind, dürfen Sie sich dafür auch belohnen!
Sie kennen dieses »Sich-selbst-Belohnen« vielleicht nach bestandenen Prüfungen, nach Abschluß einer wichtigen Arbeit oder bei konsequentem Einhalten einer Diät – eben dann, wenn ein Erfolg greifbar ist. Daß man aber sein Verhalten belohnt, seine kleinen persönlichen Erfolge im Umgang mit anderen, das scheint vielen abwegig. Warum eigentlich? Schließlich verlangen persönliches Reifen, Veränderungen alter Gewohnheiten ein hohes Maß an Einsicht, Energie und Durchhaltevermögen!

TIP

**Finden Sie Ihre ganz individuelle Art, Ihre emotionalen Fähigkeiten und Leistungen anzuerkennen. Gönnen Sie sich zum Beispiel ein schönes Konzert, einen Kinobesuch, oder genießen Sie mit jemandem, den Sie mögen, ein gemeinsames Abendessen. Belohnen Sie sich einfach mit etwas Besonderem!**

# Ein Wort zum Schluß

Wir sind uns bewußt, daß wir vieles in diesem Buch sehr ideal geschildert haben. Mancher hält Ideale für weltfremd und naiv und tut sie darum ab. Betrachten wir Ideale aber als Leitbilder, so zeigen sie die angestrebte Richtung unseres Denkens und unserer Wünsche auf.
Sie können sich der Möglichkeiten bewußt werden, die Sie im Umgang mit sich selbst und mit anderen haben, um sowohl Ihre rationalen als auch Ihre emotionalen Fähigkeiten zu nutzen. Nehmen wir zur Verdeutlichung einen ganz anderen Bereich, die Musik: Natürlich wird kein unmusikalischer Mensch durch konsequentes Üben am Klavier ein kleiner Mozart. Aber bei Kindern können wir beobachten, daß sie, unabhängig von ihrer musikalischen Begabung, ein Gefühl für Rhythmus und Harmonie entwickeln, wenn sie entsprechend gefördert werden. Und genauso können Sie, unabhängig von Ihrem angeborenen Talent, Ihre emotionale Intelligenz steigern.
Die Empfehlungen, die wir Ihnen hier geben, haben wir durch wissenschaftliche Untersuchungen und durch unsere praktischen Erfahrungen als Trainer für Kommunikationsverhalten gewonnen. Sie spiegeln unsere persönlichen Wertvorstellungen wider. Doch was für uns stimmig ist und als Leitlinie dient, um die Herausforderungen des Alltags zu meistern, muß für Sie noch lange kein Maßstab sein.
Weil Expertenwissen nur allzu oft kritiklos übernommen wird, haben wir in diesem Buch ganz bewußt darauf verzichtet, unsere Aussagen mit wissenschaftlichen Autoritäten zu untermauern. Was nützen Untersuchungsergebnisse, wenn Ihnen unsere Erläuterungen nicht plausibel sind?
Unsere Anregungen und Überlegungen stammen aus der Grundüberzeugung, daß uns nur der wertschätzende Umgang mit anderen auf Dauer zufrieden macht und uns langfristig Erfolg sichert.
Sie entscheiden letztlich darüber, was und wieviel Sie davon übernehmen.

## Bücher, die weiterhelfen


Bodenheimer, Aaron-Ronald,
Verstehen heißt Antworten;
Verlag im Waldgut,
Frauenfeld

Goldhor Lerner, Harriet,
Zärtliches Tempo;
Fischer Taschenbuch Verlag,
Frankfurt am Main

Goleman, Daniel,
Emotionale Intelligenz;
Hanser Verlag,
München

Helmstetter, Shad,
Anleitung zum Positiven Denken;
PAL-Verlagsgesellschaft,
Mannheim

Katz, Sten J. und Liu, Aimee E.,
Im siebten Himmel ist die Luft
so dünn;
Kreuz Verlag,
Zürich

Kehoe, John,
Mind Power;
Windpferd Verlag,
Durach

Rebel, Günther,
Mehr Ausstrahlung durch
Körpersprache;
Gräfe und Unzer Verlag,
München

Marone, Nicky,
Erlernte Hilflosigkeit überwinden;
Fischer Taschenbuch Verlag,
Frankfurt am Main

Molcho, Samy,
Körpersprache;
Mosaik Verlag,
München

Robbins, Anthony,
Grenzenlose Energie.
Das Power-Prinzip;
Heyne Verlag,
München

Rogers, Carl R.,
Partnerschule;
Fischer Taschenbuch Verlag,
Frankfurt am Main

Weisbach, Christian,
Professionelle Gesprächsführung;
3. völlig überarbeitete und
erweiterte Auflage,
dtv,
München

## Sachregister

## Zum Nachschlagen

# Unser Gesundheits-Programm

Um dauerhaft gesund zu bleiben, vertrauen viele Menschen heute wieder auf die eigenen Kräfte und gehen bewußter mit Körper und Seele um. Die **Ratgeber Gesundheit** von Gräfe und Unzer bieten Expertenrat zu aktuellen Gesundheitsthemen und eine Fülle von praktischen Übungsprogrammen. Sie zeigen, wie man die eigenen Kräfte mobilisieren und das Wohlbefinden steigern und erhalten kann.

Intensiv und umfassend informieren die **Großen GU Ratgeber** über wichtige Themen wie „Homöopathie“, „Ätherische Öle“ und „Heilpflanzen“.

3-7742-1470-0

3-7742-6210-1

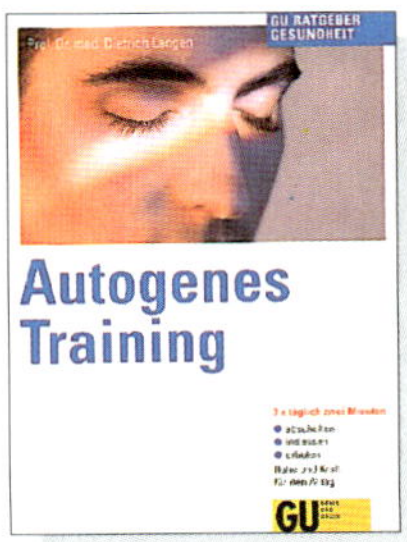


3-7742-2194-4

3-7742-1852-8

3-7742-2528-1

**Mehr draus machen**
**Mit Gräfe und Unzer**

GU GRÄFE UND UNZER

## Impressum



**Redaktion**
Friedrich Bohlmann
**Lektorat**
Mirjam Baumann
**Gesamtgestaltung und Satz**
Vision Creativ, München
**Herstellung**
Gabriele Ismaier
**Repro**
PHG Litho, Planegg
**Druck und Bindung**
Kaufmann, Lahr

**Illustrationen**
Reinhard Wendlinger
**Fotos**
Bavaria (TCL): vordere Umschlagklappe unten, S. 2 (Benelux Press), 4 (links, french collection), 4 (rechts, Boissavy), 11, 27 (Boissavy), 30, 39 (Venning), 59 (Wallis), 61 (french collection), 127 (Benelux Press), 141 (Benelux Press)
IFA: vordere Umschlagklappe Mitte (Heron), S. 36 (Welsh), 111 (Heron)
Image Bank: Umschlagfoto hinten (Lockyer)
Masoni: S. 50, 95
Mauritius SST: Umschlagfoto vorne
Tony Stone: vordere Umschlagklappe oben (Bosler), hintere Umschlagklappe oben (Siteman), hintere Umschlagklappe Mitte (Bosler), S. 2, 3, 9 (Ayres), 17 (Bosler), 41 (Ayres), 55 (Siteman), 63 (Bosler), 83 (Darell), 93 (Bissell), 97 (Bosler), 115 (Ayres), 131 (Cadrington)
ZEFA: S. 52 (Beck), 73, 78 (Frank)

**Umwelthinweis**
Dieses Buch wurde auf chlorfrei gebleichtem Papier gedruckt. Um Rohstoffe zu sparen, haben wir auf Folienverpackung verzichtet.

ISBN 3-7742-3753-0

| Auflage | 4. | 3. | 2. | 1. |
| --- | --- | --- | --- | --- |
| Jahr | 2000 | 99 | 98 | 97 |